Wissenschaftliche Beiträge
aus dem Tectum Verlag
Reihe Medienwissenschaften

WISSENSCHAFTLICHE BEITRÄGE AUS DEM TECTUM VERLAG

Reihe Medienwissenschaften

Band 29

Mareike Meis

Protest per Handycam

Die Grüne Bewegung im Iran

Tectum Verlag

Mareike Meis

Protest per Handycam.
Die Grüne Bewegung im Iran
Wissenschaftliche Beiträge aus dem Tectum Verlag:
Reihe: Medienwissenschaften; Bd. 29

ISBN: 978-3-8288-3386-9

ISSN: 1861-7530

Umschlagabbildung: © Pixel Embargo | Shutterstock.com

Druck und Bindung: CPI buchbücher.de, Birkach
Printed in Germany

Besuchen Sie uns im Internet
www.tectum-verlag.de

Bibliografische Informationen der Deutschen Nationalbibliothek
Die Deutsche Nationalbibliothek verzeichnet diese Publikation in der Deutschen Nationalbibliografie; detaillierte bibliografische Angaben sind im Internet über http://dnb.ddb.de abrufbar.

INHALT

1 VORWORT

Dieses Buch ist eine überarbeitete Version meiner Masterarbeit, die im Juli 2012 an der Fakultät für Philologie (Fachbereich Medienwissenschaft) der Ruhr-Universität Bochum zur Erlangung des Master of Arts-Grades unter dem Titel „Das Mobiltelefon und soziale Bewegungen – Eine Diskursanalyse der deutschen Berichterstattung zur Handynutzung während Irans Grüner Bewegung 2009" eingereicht wurde. Mit Hinblick auf die zeitliche Spanne zwischen Abgabe der Masterarbeit und der Veröffentlichung der Arbeit, wurden Anmerkungen zu aktuellen Entwicklungen im Iran mit Relevanz zur Grünen Bewegung und zur Mobiltelefonnutzung in den entsprechenden Kapiteln hinzugefügt, um den interessierten Leser einen groben Eindruck der gegenwärtigen Lage im Iran zu vermitteln. Die nachfolgenden Ausführungen sollten nichtsdestotrotz als eine Momentaufnahme der Diskurslandschaft verstanden werden, wie sie sich dem retrospektiven Blick eines Beobachters im Jahr 2012 dargestellt hat.

In den vorliegenden Text sind zudem Hinweise aus den Gutachten der Masterarbeit eingeflossen, die die Struktur und Ergebnisse der Arbeit unbeeinflusst lassen, jedoch einige Veränderungen der analytischen Darstellung mit sich bringen. Ein besonderer Dank richtet sich daher an meine Betreuerinnen, Prof. Dr. Barbara Thomaß und Prof. Dr. Astrid Deuber-Mankowsky, die mich über den gesamten Forschungs- und Schreibprozess hinweg stets umfassend und hilfreich unterstützt haben. Prof. Dr. Astrid Deuber-Mankowsky möchte auch herzlich für die Betreuung meiner anschließenden Promotion danken, die thematisch auf dieser Arbeit aufbaut.

Weiterhin möchte ich meinen Freundinnen aus der Studienzeit an der Ruhr-Universität Bochum und der gemeinsamen Arbeit am Institut für Friedenssicherungsrecht und humanitäres Völkerrecht (IFHV) – May-Britt Schumacher, Carina Kötter, Katharina Behmer und Kerstin Rosenow-Williams – für ihre wertvollen Kommentare und kritischen Bemerkungen danken. Von der ersten Ideenfindung bis zur endgültigen Veröffentlichung haben ihre Anregungen stets eine zentrale Rolle nicht nur für diese Arbeit, sondern auch für mein wissenschaftliches Vorankommen und meine heutige Forschung gespielt. Zu guter Letzt gilt auch meinem Mann, Jean-André Meis, mein Dank für seine Geduld und sein Verständnis während der aufreibenden Masterarbeitsphase. Sein immerwährender Versuch, die medienwissenschaftliche Perspektive zu verstehen, um mich in meiner Arbeit zu unterstützen und zu ermutigen, war und ist eine treibende Kraft auf meinem wissenschaftlichen Weg.

2 EINLEITUNG

2.1 Thematische Einführung, Fragestellung und Hypothesen

Infolge der iranischen Präsidentschaftswahlen 2009 wurden Mobiltelefon[1] und Internet zur letzten Außenverbindung, nachdem die Regierungsinhaber versuchten, nicht nur die Kommunikationsmöglichkeiten der Bevölkerung, sondern auch die nationale und internationale Berichterstattung zu kontrollieren und zu unterbinden. E-Mails und soziale Plattformen wie YouTube, Twitter, Facebook und Flickr waren zeitweise das einzige Mittel der iranischen Bevölkerung, Informationen über die Vorgänge im Land zu verbreiten und die Öffentlichkeit auf sich aufmerksam zu machen (vgl. u. a. Sabety 2010; Fisher 2010; Nordbjaerg Christensen 2010; Snow 2010). Handyvideos und -fotos von Straßenunruhen, Gewalt und Opfern erreichten in dieser Zeit die Medien und Menschen weltweit und prägten das internationale Bild von den Vorgängen im Iran. In der deutschen Berichterstattung waren Aufnahmen von Demonstranten und Protestmassen mit Mobiltelefonen in der Hand omnipräsent, ebenso wie die Thematisierung der Bedeutsamkeit von sozialen Plattformen für die iranische Protestbewegung (vgl. z. B. Brauck/Müller/Schmundt 2009: 116ff.). Die modernen digitalen Kommunikationsmedien avancierten so schnell zum Sinnbild der iranischen Grünen Bewegung. Das Handy wurde in der deutschen Berichterstattung zum „Instrument des Widerstands" (Stöcker 2009) deklariert und gemeinsam mit dem Internet zur „wertvollsten Waffe[...] der Opposition" (Jaschensky 2009) erklärt.

Der Diskurs um die Mobiltelefonnutzung während der iranischen Protestbewegung reiht sich dabei in eine allgemeine Diskussion des (vermeintlich) revolutionären Potentials ein, das neue Medien generell

---

1 Im Folgenden werden die Begriffe Mobiltelefon und Handy synonym verwendet. Handy ist im deutschen Sprachgebrauch geläufiger und bezieht sich auf die Handhabung, während Mobiltelefon auf die Funktionalität des Geräts verweist (vgl. Burkart 2007: 12f.; Goggin 2007: 15).

und in der gegenwärtigen Rezeption die digitalen Medien speziell begleitet (vgl. ebd.; McLuhan 1968; Möller 2006; Morozov 2011; Acuff 2010). Auch finden sich in diesem Zusammenhang vielfältige weitere diskursive Einbettungen des Mobiltelefoneinsatzes, die kurz mit den Stichworten Freiheit, Emanzipation, Demokratisierung und Öffentlichkeit, aber ebenso Überwachung und Kontrolle beschrieben werden können. In diesem Sinn widmet sich diese Arbeit der Frage, wie sich die Verschränkung der Diskurse über das Mobiltelefon und über soziale Bewegungen im Kontext der iranischen Protestbewegungen 2009 in der deutschen Berichterstattung darstellt und welche diskursiven Effekte sich aus dieser Verschränkung ergeben. Inwiefern findet eine diskursive Einbettung der Berichterstattung zu Irans Grüner Bewegung in die entwicklungshistorischen Diskursen über das Mobiltelefon und soziale Bewegungen allgemein statt? Welche diskursiv-symbolische Funktion bzw. Rolle wurde dem Mobiltelefon im Kontext von Irans Grüner Bewegung zugeschrieben?

Gesonderte Aufmerksamkeit wird hierbei den im Internet kursierenden und in den Medien aufgegriffenen Handyvideos und -fotos geschenkt. Diese Welle an Handyvideos und -fotos wurde nicht einheitlich positiv in der Berichterstattung aufgenommen, sondern löste vielfach skeptische Fragen zur Glaub- und Vertrauenswürdigkeit aus. Vor allem das aufgezeichnete Handyvideo der im Zuge der Straßenunruhen erschossenen und bald zur Ikone aufgestiegenen *Neda* wurde auf seine Echtheit hin hinterfragt und nahm eine dominante Stellung in der deutschen Berichterstattung zu Irans Grüner Bewegung ein (vgl. Jaschensky 2009). Zum einen wird hierbei auf eine mögliche negative Potenz digitaler Medien Bezug genommen und ein vorherrschender Technikoptimismus und -determinismus mit einem Cyber-Utopismus in Verbindung gebracht, der eine einseitig positive Einschätzung neuer Medien als wirklichkeitsfremd bestimmt (vgl. Morozov 2011; Acuff 2010; Castells et al. 2007). Zum anderen steht das Verhältnis von alten und neuen Medien sowie von Amateuren und professionellen Berichterstattern zur Debatte (vgl. Burkart 2007; Döring/Gundolf 2006; Shirky 2008). Wie zeichnen sich diese Konfliktlinien in der deutschen Berichterstattung zu Irans Grüner Bewegung ab?

Als ein wesentlicher Bestandteil des gesellschaftlichen Wandels sind soziale Bewegungen ein hervorragender Ausgangspunkt für die Erforschung der mit der Nutzung mobiler Medien einhergehenden sozialen Veränderungen (vgl. Rucht 1994: 338f.). Mobiltelefone sowie Medien allgemein haben dabei bereits in der Vergangenheit in sozialen Bewegungen eine nicht zu unterschätzende Rolle für die Organisation und Mobilisierung von Anhängern sowie die Herstellung von Öffentlichkeit gespielt (vgl. u. a. Foucault 2005 [1978]; Acuff 2010; Castells 2002, 2004 u. 2005).

Daher wird zuletzt betrachtet, welche diskursiven Kontinuitäten oder Brüche sich in Bezug auf die Mobiltelefonnutzung während Irans Grüner Bewegung zeigen. Welche soziale Signifikanz und Funktion wurde dem Mobiltelefon im Rahmen Irans Grüner Bewegung im Vergleich zu anderen sozialen Bewegungen zugeschrieben?

Entsprechend dieser Gegenstandsfelder werden das weitere Vorgehen und die Analyse durch folgende zentrale Fragestellung und daraus abgeleitete Subfragen bestimmt:

Wie stellt sich die Diskursverschränkung Mobiltelefon/soziale Bewegungen im Rahmen der deutschen Berichterstattung zur Grünen Bewegung im Iran 2009 dar?

1) In welcher Verbindung steht die diskursive Einbettung der Berichterstattung zu entwicklungshistorischen Diskursen über das Mobiltelefon und soziale Bewegungen? Welche diskursiv-symbolische Funktion bzw. Rolle wurde dem Mobiltelefon in diesem Kontext zugeschrieben?
2) Welche diskursive Einbettung erfahren Handyvideos und -fotos? Inwiefern werden diese bzw. alte und neue Medien positiv bzw. negativ eingeschätzt?
3) Welche soziale Signifikanz und Funktion wurde dem Mobiltelefon im Vergleich zu anderen sozialen Bewegungen zugeschrieben? Welche diskursiven Kontinuitäten oder Brüche können im Vergleich zur Mobiltelefonnutzung in anderen sozialen Bewegungen ausgemacht werden?

Die zentrale Hypothese hierbei ist, dass das Mobiltelefon in der deutschen (bzw. westlichen) Wahrnehmung und in seiner sozialen Funktionalität bereits seit seinen Anfängen ein Medium ist, das Freiheit, Emanzipation und Demokratisierung symbolisiert. Diese diskursive Rahmung kann als ein Faktor gesehen werden, der die Bedeutungszuschreibung des Mobiltelefons während Irans Grüner Bewegung begründet und sich in der deutschen Berichterstattung widerspiegelt. Eine weitere Annahme ist, dass sich aus der diskursiven Einbettung in eine Medienrevolutionsthematik in der deutschen Berichterstattung eine Betonung der funktionalen Eigenschaften des Mobiltelefons für den Widerstand gegen Unterdrückung ergab.

2.2 Methodik und Aufbau

Das Forschungsinteresse dieser Arbeit ist es, die Rolle und Bedeutung des Handys sowie des Handyvideos und -fotos im Zuge Irans Grüner Bewegung und deren Repräsentation in der deutschen Berichterstattung aus einer diskursanalytischen Perspektive zu ergründen. Auf Basis dieser fallbezogenen Analyse wird entlang der übergeordneten Fragestellung eine Verbindung zum breiteren Kontext von sozialen Bewegungen generell hergestellt, um die diskursive Bedeutungszuschreibung der Mobiltelefonnutzung für Irans Grüne Bewegung im Vergleich zu untersuchen.

Als diskursanalytische Grundlage wird hierbei auf die Diskurstheorie nach Michel Foucault sowie die Arbeiten von Siegfried und Magarete Jäger zur kritischen Diskursanalyse und von Jürgen Link zur Kollektivsymbolik zurückgegriffen. Da nicht nur die sprachliche Ebene der Diskurseinbettung berücksichtigt werden soll, sondern auch die Ebene der Bilder im Sinne eines Bild-Diskurses, werden diese Perspektiven u. a. mit den Ausführungen von Sabine Maasen, Torsten Mayerhausen und Cornelia Renggli ergänzt.

Die Diskursanalyse der deutschen Berichterstattung erfolgt anhand von zwei ausgewählten Print-Nachrichtenmedien – dem Spiegel als weitverbreitetes und bekanntestes Politmagazin und der Süddeutschen Zeitung (SZ) als auflagenstärkste überregionale Qualitätstageszeitung[2] Deutschlands (vgl. Goethe Institut 2011a, 2011b; Stahl 2005). Beide Medien stellen ein umfangreiches Online-Angebot bereit, so dass für die Analyse auf Online- und Print-Artikel einer Stichwort-Recherche in den Online-Archiven der Medien zurückgegriffen wurde.[3]

Nach einer Darlegung der diskurstheoretischen und methodischen Grundlagen im zweiten Kapitel steht in Kapitel drei der Diskurs um die sozialen Funktionen und Auswirkungen des Handys bzw. der Handynutzung auf die soziale Ordnung und das soziale Leben im Mittelpunkt der Betrachtung. In diesem Kontext wird auch die diskursive Verschränkung der Rolle, Funktion und Bedeutung des Mobiltelefons zu ausgewählten sozialen Bewegungen beleuchtet. Dies bildet die Basis für die Analyse der diskursiv konstruierten Signifikanz des Handys für Irans

---

2 Der Begriff der Qualitätszeitung wird vor allem als Abgrenzung zur Boulevardzeitung verwendet. Eine einheitliche Definition existiert allerdings nicht (vgl. Wiesinger 2009: 115).

3 Über die Online-Archive sind sowohl PDF-Versionen der publizierten Printartikel verfügbar als auch alle Artikel abrufbar, die online auf den Internetportalen der Medien veröffentlicht wurden. Eine ausführliche Darstellung der Artikelrecherche und -auswahl findet sich unter 6.1.

Grüne Bewegung und die Identifizierung von diskursiven Brüchen und Kontinuitäten.

Im Weiteren folgt im vierten Kapitel ein Überblick zur Geschichte sozialer Bewegungen im Iran und zu den wesentlichen Charakteristika der Grünen Bewegung, bevor nach einer kurzen Einführung zum mediensystematischen und -institutionellen Hintergrund des Irans die Mediennutzung während Irans Grüner Bewegung beleuchtet wird. Dieser Teil dient der thematischen Einführung zu Irans Grüner Bewegung und ist im Rahmen der Diskursanalyse für die Bestimmung von Subthemen und diskursiven Verbindungen zum Iran relevant.

In Kapitel fünf geht es dann um die Frage, wie die Handynutzung während der iranischen Protestbewegung in der deutschen Berichterstattung diskursiv eingebettet wurde und welche Kollektivsymboliken hierbei zu Einsatz kamen. Zunächst wird hier ein inhaltlicher Überblick zur Berichterstattung innerhalb der ausgewählten Berichte gegeben. Anschließend wird die diskursive Einbettung des Mobiltelefons im Allgemeinen und des Handyvideos vor dem Hintergrund von Nedas Tod im Speziellen untersucht. Danach erfolgt eine Zusammenfassung der Diskursanalyse in Hinblick auf die forschungsleitenden Fragestellungen und Hypothesen.

Die Arbeit schließt mit einem Fazit ab, in dem die Ergebnisse der Diskursanalyse einer kritischen Betrachtung unterzogen werden und ein Ausblick für die weitere Forschung gegeben wird.

3 DISKURSTHEORETISCHE GRUNDLAGEN

Im Folgenden wird zunächst eine Einführung in die grundlegenden Begriffe und Konzepte gegeben, welche die Basis der kritischen Diskursanalyse nach Jäger darstellen. In diesem Zusammenhang wird auch der Ansatz einer Bild-Diskurs-Analyse vorgestellt. Anschließend wird der Ansatz der kritischen Diskursanalyse dargelegt. Zuletzt werden die unterschiedlichen Ansätze und Begriffe für die diskursanalytische Betrachtung operationalisiert.

3.1 Diskurs und Dispositiv

Wird der Diskursbegriff im alltäglichen Sprachgebrauch unterschiedlicher Sprachräume nachverfolgt, lässt sich ein Diskurs allgemein als eine Form der sprachlichen Äußerung innerhalb eines sozialen Kontextes verstehen. Entsprechend definiert Jäger Diskurse als „eine artikulatorische Praxis" (2001a: 23), verweist aber mit Blick auf Foucaults Verständnis von Diskursen darauf, dass diese nicht einfach als passive Repräsentanten des Sozialen auftreten, sondern vielmehr „als Fluß von sozialen Wissensvorräten durch die Zeit" (ebd.) zu verstehen sind, die aktiv Gesellschaft konstruieren und organisieren.

Damit ist ein wesentlicher Aspekt des Diskursbegriffes angesprochen, der die Relation des Diskurses zur Gesellschaft ausmacht: Wissen. Der zweite bestimmende Aspekt des Diskurses ist Macht[4], denn Diskurse

---

[4] Nach Foucault ist Macht nichts, „was jemand besitzen kann, sondern vielmehr etwas, was sich entfaltet" (2008 [1975]: 729) und die gesamte Wirkung einer strategischen Position ist. Wesentlich bei Foucaults Machtbegriff ist, dass Macht stets Wissen hervorbringt und Macht und Wissen sich gegenseitig bedingen: „Es [gibt] keine Machtbeziehung [...], ohne dass sich ein entsprechendes Wissensfeld konstituiert, und kein Wissen, das nicht gleichzeitig Machtbeziehungen voraussetzt und konstituiert" (ebd.: 730).

selbst können als „gesellschaftliche und Gesellschaft bewegende Macht" (ebd.) aufgefasst werden. Die Macht des Diskurses liegt darin begründet, dass er als Träger von Wissen fungiert, wodurch er Handeln und andere Diskurse anregt bzw. hervorruft und soziale Machtrelationen (mit-) strukturiert (vgl. Jäger/Jäger 2007: 20). Foucault selbst beschreibt die Relation von Wissen, Macht und Diskurs als ein Ineinanderfügen von Wissen und Macht im Diskurs. Hierbei kann der Diskurs selbst sowohl Instrument und Effekt sein als auch

> Hindernis, Gegenlager, Widerstandspunkt und Ausgangspunkt für eine entgegengesetzte Strategie. Der Diskurs befördert und reproduziert Macht; er verstärkt sie, aber er unterminiert sie auch, er setzt sie aufs Spiel, macht sie zerbrechlich und aufhaltsam. [...] Diskurse sind taktische Elemente oder Blöcke im Feld der Kräfteverhältnisse: es kann innerhalb einer Strategie verschiedene und sogar gegensätzlich Diskurse geben; sie können aber auch zwischen entgegengesetzten Strategien zirkulieren, ohne ihre Form zu ändern. (Foucault 2008 [1976]: 1104f.)

Hiermit weist Foucault auf einen Aspekt hin, den Jäger als „Gewimmel" (2001a: 132) von Diskursen beschreibt. Es bestehen stets verschiedene Diskurse, die miteinander verwoben sind und sich durch Überschneidung, Überlappung und Verschränkung gegenseitig beeinflussen. Wesentlich hierbei ist, dass stets Gegendiskurse existieren, die einem hegemonialen Diskurs gegenüberstehen. Entsprechend sind Diskurse nicht nur mit Macht verknüpft, sondern auch mit Gegenmacht, woraus ein stetiger „,Kampf der Diskurse'" (ebd.: 130) erwächst. Von Diskursen gehen dabei nicht nur Machtwirkungen aus, sondern es existiert auch Macht über Diskurse, z. B. in Form der Zugangsmöglichkeit zu Medien oder der Verfügbarkeit von Ressourcen (vgl. Jäger 2000a).

Diskurse wirken konstituierend auf die gesellschaftliche Wirklichkeit ein, indem durch ihre Rezeption in Form einer länger anhaltenden Auseinandersetzung mit ständig gleichen oder ähnlichen Aussagen Wissen generiert wird, auf dessen Grundlage Handeln stattfindet (vgl. Jäger/Jäger 2007: 22f.). Als eine rekursive Bezugnahme auf dieselben Wissenselemente wird der Diskurs zu einer „regulierenden Instanz" (ebd.: 23) im Sinne einer Bewusstseinsformung. Wahrheit als „Geltung beanspruchendes Wissen über die Welt" (Bührmann/Schneider 2008: 27) an dem sich Handeln ausrichtet, wird vor diesem diskurstheoretischen Hintergrund zum *„Effekt diskursiver Praktiken"* (ebd.; Hervorh. i. O.). Diskurse determinieren und gestalten also Realität dadurch, dass sie das Handeln von Menschen über die Generierung von Wissen bzw. Wahrheit und die daraus hervorgehenden Bewusstseinszustände beeinflussen. Der wirklichkeitserzeugende Machteffekt von Diskursen liegt somit in den durch sie geschaffenen Wissensordnungen, die durch institutionalisierte diskursive Praktiken im Sinne von Wissenspolitiken hergestellt, durchgesetzt, stabilisiert oder verändert, umgestürzt werden, und die schließlich als vorherrschende Bedeutungen, Sinngehalte, Deutungsmuster das alltägliche Denken und Handeln der Menschen als gesellschaftliche Praxis orientieren. (ebd.: 29)

Das ausführende Moment liegt somit zwar letztlich bei den Menschen als handelnde Subjekte, aber diese agieren stets als „in die Diskurse verstrickte Agenten der gesellschaftlich vorgegebenen Diskurse" (Jäger 2001a: 22). Diskurse sind dabei im Regelfall das verselbstständigte Ergebnis historischer Prozesse und transportieren mehr Wissen, als sich die einzelnen Subjekte bewusst sind (vgl. ebd.). Entsprechend ist nach Jäger (2000a) zur Ermittlung des Wissens einer Gesellschaft eine Rekonstruktion der Genese von Diskursen zu leisten.

Menschen als diskursive Subjekte sind wiederum die Produzenten von Gegenständen und Institutionen, welche die soziale Realität bewohnen, sowie diejenigen, die diese durch ihr Denken und Handeln aktualisieren. Mit dieser Vernetzung von „diskursive[n] und nicht-diskursive[n] Praxen und deren Resultate[n] (Institutionen, Apparaturen, architektonische Vor- und Einrichtungen, Gesetze, Anordnungen, Vorkehrungen etc.)" (Jäger 2001a: 22) ist das beschrieben, was Foucault als Dispositiv bezeichnet. Dispositive bedeuten einen „Macht-Wissens-Apparat" (Mayerhausen 2006: 80), der sich entlang des diskursiven Wissens, zwischen „Gesagtem und Ungesagtem" (ebd.) wie ein Netz mit unterschiedlichen Knoten aufspannt. Dieses „Netz heterogener diskursiver und nicht-diskursiver Elemente" (ebd.) ist für Foucault ein umkämpfter Ort, an dem es um das Durchsetzen oder Ablehnen spezifischer Wissensformen geht, die wiederum an das Dispositiv rückgebunden sind und seine Stützpfeiler bilden.[5]

3.2 Bild-Diskurs-Analyse: Zwischen Sagbarkeit und Sichtbarkeit

In diesem Zusammenhang lassen sich „Bilder[6] als Elemente und Vehikel von Dispositiven" (Maasen/Mayerhausen/Renggli 2006: 7) verstehen und unter Nutzung von diskurstheoretischen Ansätzen analysieren. In einer

---

5 Da sich diese Arbeit auf Diskurse fokussiert, werden der Dispositivbegriff und die Dispositivanalyse nicht weiter ausgeführt. Für eine detailliertere Darstellung sei auf Bührmann/Schneider 2008 sowie auf Jäger 2001b und 2006 verwiesen.

6 Als Bilder können in Anlehnung an Mayerhausen (2006: 81) sowohl die verschiedensten Bild- und Fotoformate als auch Videoformate verstanden werden, ebenso wie die sogenannten „mediopolitischen Bilderwelten" (ebd.) des Fernsehens, Internets und der Printmedien.

solchen Bild-Diskurs-Analyse wird der Blick auf die Interaktionsrelation von Wort und Bild bzw. auf die interdependente Beziehung von „Sichtbarem und Sagbarem"[7] (ebd.: 8) gerichtet.

In der Regel wird der Diskursbegriff von Foucault auf Texte angewendet, womit das Sagbare oder Nicht-Sagbare zum zentralen Gegenstand des Diskurses wird (vgl. Mayerhausen 2006: 78). Allerdings ist auch Sichtbarkeit im foucaultschen Verständnis als eine grundlegende Wirkung von Machtmechanismen zu sehen, die auf entsprechende Weisen der Wissensherstellung zurückgreift. So betrachtet sind es sowohl sprachliche Äußerungen als auch Bilder als visuelle Äußerungen, die die Konstruktion und Perzeption sozialer Wirklichkeit bestimmen (vgl. Maasen/Mayerhausen/Renggli 2006: 13f.).

Bilder werden entsprechend nicht als bloß realitätsabbildend verstanden, sondern als Teil von „Macht-Wissens-Konstellationen (Dispositiven)" (ebd.: 19). Sie distribuieren Sichtbarkeiten im intermedialen Ensemble mit Texten oder „architektonischen Formationen" (ebd.), stellen politische Bedeutsamkeiten her und erlauben es, entsprechende Subjektpositionen zu verorten. Zugleich fungieren Bilder als „‚visuelle Argumente'" (Mersch 2006: 96) in der Produktion von Wissen, indem ihnen die Generierung von Evidenz zufällt, während diskursive Verfahren auf die Herstellung von „Wahrheitseffekte[n]" (ebd.: 97) abzielen. Beide Praktiken sind in der Wissensgenerierung als miteinander verwoben vorzustellen. In einer Bild-Diskurs-Analyse geht es dann um die Untersuchung von Macht-Wissens-Verbindungen, die diesen Anschein von Evidenz hervorbringen (vgl. Maasen/Mayerhausen/Renggli 2006: 23).

Bilder können vor diesem Hintergrund „als diskursive Medien des Wissens, der Evidenzgenerierung mit produktiv-schöpferischen Machtwirkungen" (ebd.: 21), betrachtet werden. Damit besitzen Bilder eine diskursive Qualität, die ihnen eine wirklichkeitskonstituierende Funktion einbringt, wie sie der Diskurs selbst besitzt (vgl. Mayerhausen 2006: 83). Bilder schaffen in diesem Sinn Perzeptionsmöglichkeiten, „etwas *als etwas* zu sehen" (ebd.: 91; Hervorh. i. O.); d. h. sie machen bestimmte Dinge, Sachverhalte, Relationen, Ordnungen etc. sichtbar und exkludieren zur selben Zeit andere, indem sie sie ‚unsichtbar' machen. Während Foucault dabei Sichtbarkeit noch als eine „disziplinierende Falle" (ebd.: 77) im

---

7 Das relationale Gefüge von Wort und Bild, von „Feldern des Sag- und des Sichtbaren" (ebd.: 9) ist ein Aspekt, der Foucaults Werk durchgehend begleitet. Das wohl prominenteste Beispiel für eine Ausformulierung dieser Thematik ist in seinen Ausführungen zum Verhältnis von Disziplinarmacht und panoptischem Blick zu sehen, in dem eine Ökonomisierung der Sichtbarkeit zur Manifestation eines Macht-Wissens-Dispositivs wird (vgl. ebd.: 13f.; Foucault 2008 [1975]: 900ff.).

Rahmen seiner Abhandlung zum Panoptismus[8] konzipierte, konstatiert Mayerhausen für unsere gegenwärtige, visuell geprägte Gesellschaft das Gegenteil:

> Die Unsichtbarkeit ist eine Falle. Wer nicht im Lichte der insbesondere massenmedialen Aufmerksamkeitsgeneratoren auftaucht, wer keinen sichtbaren Ein- bzw. Abdruck hinterlässt, wer nicht als Bild in den Medien auftaucht, scheint im öffentlichen Bewusstsein oder gesellschaftlichen Imaginären nicht zu existieren. (ebd.)

Im Rahmen einer beschränkten massenmedialen Aufmerksamkeit wird das bildliche Sichtbarsein zum zentralen Steuerungs- und Distributionsmittel, für dessen Produktion Bild-Text-Kombinationen eine unentbehrliche Rolle spielen (vgl. ebd.: 78). Entsprechend plädiert Mayerhausen (ebd.: 76) dafür, dass Bildern ein gleichwertiger diskurstheoretischer Status wie sprach- bzw. textbasierten Aussagen zuzuschreiben ist.

3.3 Kollektivsymbolik

Ein zentraler und stabilisierender Teil von Diskursen ist das System der Kollektivsymbolik, das als ein „interdiskursiv wirkendes Regelwerk" (Jäger/Jäger 2007: 40) einzelne Diskurse miteinander verschränkt. Mit dem Repertoire an Kollektivsymbolen, das allen Gesellschaftsmitglieder bekannt ist, ist der Bestand an symbolischen Bildern gegeben, mit dem Menschen ein kohärentes Bild der Realität herstellen, „diese deuten und – insbesondere durch die Medien – gedeutet bekommen" (Jäger 2001a: 133).

Dieses Konzept geht auf Jürgen Link zurück, der als Kollektivsymbolik die gesamten „‚bildlichen' Elemente des Mediendiskurses, d. h. Abbildungen im Wortsinne (z. B. Fotos, Karikaturen und Infografiken) plus alle Sprachbilder, d. h. Symbole, Allegorien, Embleme, Vergleiche, Metaphern, Synekdochen, Modelle" (2006: 54) definiert. Anders ausgedrückt fasst Link als Kollektivsymbolik alle „‚Sinn-Bilder' als Bilder [auf], die [...] symbolischen Sinn ausstrahlen" (ebd.).

Kollektivsymboliken sind in allen modernen Industriegesellschaften zu finden, denn sie dienen der symbolischen Integration von jeglicher Form von Veränderung und der Einordnung dieser als normale oder abweichende Begebenheit. Damit liefern sie einen Orientierungsrahmen für

---

8 Der Begriff des Panoptismus geht auf Foucaults Ausführungen zum Panopticon zurück, ein architektonischer Macht-Wissens-Apparat, der durch „die Schaffung eines bewussten und permanenten Sichtbarkeitszustandes [...] das automatische Funktionieren der Macht sicherstellt" (Foucault 2008 [1975]: 906).

die Individuen einer Gesellschaft und helfen ihnen, sich in ihrer sozialen Welt zurechtzufinden (vgl. Jäger/Jäger 2007:40). Die Kollektivsymbolik beinhaltet in „symbolisch-verdichteter und vereinfachter Form" (Jäger 2001a: 134) das gegenwärtige Bild einer Gesellschaft.

Kollektivsymboliken entfalten ihre signifikante Relevanz für Diskurse dabei aufgrund zweier wesentlicher Charakteristika. Erstens wird durch ihre Symboleigenschaft rationales und emotionalisiertes Wissen generiert, da kollektive Symbole sowohl wirklichkeitssimplifizierend und -plausibilisierend wirken als auch bestimmte Wirklichkeitsinterpretationen implizieren. Zweitens wird dieses Wissen innerhalb einer spezifischen Ordnung hergestellt, weil Kollektivsymboliken innerhalb eines Systems[9] wirken. Hierdurch werden eine gewisse Logik und gewisse Handlungsoptionen angeregt, die auf dieser Wissensordnung basieren (vgl. ebd.: 39).

Zur Identifizierung von Kollektivsymbolen lassen sich sechs charakterisierende Eigenschaften benennen. Kollektivsymbole sind erstens „semantisch sekundär" (Jäger/Jäger 2007: 43), denn „das Bezeichnete [...] wird zu einem Signifikanten eines anderen Signifikanten" (ebd.). So steht bspw. Eisenbahn für Fortschritt. Weiterhin ist, zweitens, die Beziehung zwischen nicht-symbolischer und symbolischer Bedeutung insofern motiviert, als sich z. B. die Eisenbahn auch faktisch fortbewegen, also ‚fortschreiten' kann. Drittens können Kollektivsymbole visualisiert werden. Kollektivsymbole sind viertens stets mehrdeutig, was auch beinhaltet, dass sie kontextabhängig anders oder umgedeutet werden können (vgl. ebd.: 44 u. 46). Fünftens können sie weitererzählt werden, d. h. sie implizieren „ein weiteres Feld von Symbolen [...], die diesem Bedeutungsfeld angehören" (ebd.: 44). Zuletzt ermöglichen Kollektivsymbole Analogien zwischen Signifikanten und Signifikat, so dass Relationen dargestellt werden können, wie z. B.: „Die Lokomotive ist im Verhältnis zu den Waggons das, was der technische Fortschritt für die Demokratie darstellt (womit behauptet wird, der technische Fortschritt habe die Demokratie zur Folge)" (Jäger 2001a: 140).

---

9 Dieses System der Kollektivsymbolik kann in einer Topik abgebildet werden, deren Grundgebilde ein Kreis ist, der das betrachtete soziale System darstellt und dem jeweiligen Diskurs entsprechend mit Symbolserien gefüllt wird. Innerhalb des Kreises werden weitere Kreise angeordnet, die als Handlungsgrenzen (z. B. Terror-, Fanatismus-, Extremismus-, Gewalt- und Störungsgrenze) vermittelt über die Symbolcodierung angeben, ab wann Handlungsnotwendigkeit besteht und Normalität wiederherzustellen ist. Da in der späteren Analyse die Erstellung einer solchen Topik nicht vorgesehen ist, wird an dieser Stelle nicht weiter auf den Aufbau eingegangen. Für weitere Details siehe: Jäger 2001a: 41ff.

Diskurse werden somit durch Kollektivsymboliken strukturiert (vgl. ebd.: 43). In dieser Vorstellung wird „der gesamtgesellschaftliche Diskurs von einem synchronen System kollektiver Symbole zusammengehalten" (Jäger 2001a: 134), indem Kollektivsymbole einzelne Diskursstränge übergreifen (vgl. ebd.: 168). Nach Jäger und Jäger (2007: 40) ist die Kollektivsymbolik daher ein signifikantes Werkzeug der Diskursforschung. Ihre Identifizierung ist Bestandteil des Vorgehens der kritischen Diskursanalyse, das im nächsten Abschnitt gemeinsam mit der Terminologie der kritischen Diskursanalyse vorgestellt wird.

3.4 Ansatz und Vorgehen der kritischen Diskursanalyse

Gegenstand der kritischen Diskursanalyse ist die Untersuchung der Herstellung von Realität durch Diskurse (die wiederum vermittelt über das Handeln der Menschen stattfindet) (vgl. Jäger 2001a: 24). Letztlich geht es darum, „diskursive Sagbarkeitsfelder" (Jäger/Jäger 2007: 15) abzubilden und zu deuten. Jäger (2001a: 159) stellt hierzu eine Terminologie auf, die es ermöglicht, die Struktur von Diskursen zu durchschauen und zu analysieren.

Einerseits muss dabei zwischen den Spezialdiskursen der Wissenschaft(en) und dem Interdiskurs der nicht-wissenschaftlichen Diskurse unterschieden werden, wobei jederzeit Aspekte der Spezialdiskurse in den Interdiskurs eingehen können. Andererseits ist zwischen Diskurssträngen, -fragmenten und -ebenen sowie diskursiven Ereignissen bzw. Kontexten zu differenzieren.[10]

Diskursstränge bzw. Diskurse sind „thematisch einheitliche Diskursverläufe" (Jäger/Jäger 2007: 23) innerhalb des gesellschaftlichen Gesamtdiskurses, die sich üblicherweise aus mehreren Subthemen und Diskursfragmenten zusammensetzen. In der Analyse von Diskurssträngen kommen Aussagen im Sinne von einheitlichen Inhalten und ihren Häufungen zum Vorschein. Diskursstränge besitzen eine synchrone und diachrone Dimension. Mit einem synchronen Schnitt kann das gegenwärtige oder vergangene Sagbarkeitsfeld zu einem gegenwärtigen oder vergangenen Zeitpunkt angegeben werden (vgl. Jäger 2001a: 160). Den Diskurs-

---

10 Jäger und Jäger (2007: 28f.) führen zudem die Kategorie der *Diskursposition* ein, mit der der (politische) Standort einer Person, eines Mediums, einer Gruppe oder einer Institution bezeichnet wird, von dem aus die Teilnahme am Diskurs und seine Bewertung erfolgen. Da aber die Identifizierung der Diskursposition erst als Ergebnis einer umfassenden Diskursanalyse möglich ist und dies nicht dem Ziel dieser Untersuchung entspricht, wird diese Kategorie in der späteren Diskursanalyse nicht berücksichtigt.

verschränkungen, durch die sich die einzelnen Stränge wechselseitig beeinflussen und stützen sowie diskursive Effekte entstehen, ist in einer Diskursanalyse spezielle Aufmerksamkeit zu schenken. Denn „solche thematischen Verschränkungen und Knoten bilden – neben den Kollektivsymbolen [...] – den ‚Kitt' der Diskurse" (ebd.: 168).

Diskursstränge agieren auf unterschiedlichen *Diskursebenen*, z. B. der Wissenschaft, der Politik, der Medien und des Alltags. Diskursebenen sind als soziale Orte zu sehen, von denen aus Sprechen oder Schreiben stattfindet. Die verschiedenen Ebenen nehmen aufeinander Bezug und wirken aufeinander ein (vgl. Jäger/Jäger 2007: 28).

Unter *Diskursfragmenten* sind Texte oder Textteile zu verstehen, die ein spezifisches Thema behandeln und sich zu Diskurssträngen verknüpfen. Das Erfassen von Diskursfragmenten ist die Basis für die Feststellung von Aussagen im Diskurs (vgl. ebd.: 27).

Diskursive Ereignisse sind Ereignisse, die im Diskurs besonders hervorgehoben werden. Sie beeinflussen Richtung und Beschaffenheit des zugehörigen Diskursstranges sowie die anderer Diskurse fundamental (vgl. ebd.). Durch die Abbildung diskursiver Ereignisse, z. B. in der Analyse eines synchronen Schnitts durch einen Diskursstrang, wird der diskursive Kontext eingerahmt, innerhalb dessen sich ein Diskursstrang bewegt (vgl. Jäger 2001a: 191). Durch die Fokussierung auf ein diskursives Ereignis können dabei Brüche und Veränderungen von Diskursverläufen identifiziert werden (vgl. Jäger/Jäger 2007: 237).

Vor diesem Hintergrund benennt Jäger als das allgemeine Ziel von Diskursanalysen, „ganze Diskursstränge (und/oder Verschränkungen mehrerer Diskursstränge) historisch und gegenwartsbezogen zu analysieren und zu kritisieren" (2001a: 171). In der Diskursanalyse geschieht dies letztlich durch die Erhebung von Aussagen mittels einer empirischen Auflistung von inhaltlich gleichen Diskursfragmenten geordnet nach Themen und Subthemen und einer anschließenden Erfassung und Interpretation sowohl des Inhalts und der Häufungen der Fragmente als auch der formalen Beschaffenheit der jeweiligen Äußerungen (vgl. Jäger/Jäger 2007: 24). Jäger beschreibt seinen Ansatz dabei als kritisch insoweit, als die Analyse von Diskursen grundsätzlich eine kritische Perspektive durch die Sichtbarmachung impliziter und nicht artikulierter Voraussetzungen, als Wahrheiten explizierte Aussagen oder „falsche Verallgemeinerungen und dementsprechende Fluchtlinien" (2001a: 223) enthält.

Da, wie in 3.2 dargestellt, Bild und Text gerade auf der Diskursebene der Medien eine wechselseitig beeinflussende Verbindung eingehen und Bildern ein besonderes macht- und wissenproduzierendes Potential zuzuschreiben ist, ist es sinnvoll, Bilder in diesem Kontext als Elemente von

Diskursfragmenten in die Diskursanalyse zu integrieren. Damit wird das zu erfassende Sagbarkeitsfeld um ein Sichtbarkeitsfeld (d. h. auf das Gezeigte bzw. Abgebildete und Nicht-Gezeigte bzw. Nicht-Abgebildete) erweitert. In der diskursanalytischen Betrachtung gilt es entsprechend der obigen Ausführungen, Bilder als evidenz- und wissensgenerierendes Element eines Diskursstranges mit den sprachlich-textuellen Aussagen in Beziehung zu setzen.[11]

Zu Beginn einer Diskursanalyse steht bei Jäger die Bestimmung des Diskursstranges und damit einhergehend die Wahl und Begründung des Themas. Anschließend erfolgt eine Archivierung aller Artikel zum zuvor eingegrenzten Thema mit einer anschließenden Datenbankerstellung. Dabei werden zunächst alle Artikel durchnummeriert und Angaben zu Datum und Hintergrund der einzelnen Artikel gemacht. Dann werden Titel, Untertitel, Textsorte (Kommentar, Reportage, Interview o. ä.) und der grobe Inhalt jedes Artikels erfasst. Ferner werden in diesem Arbeitsschritt bereits Themenverschränkungen und eine knappe Bewertung des Artikels (z. B. Pro oder Contra) vorgenommen (vgl. Jäger 2000b). Im Anschluss erfolgt eine Materialaufbereitung für die weiterführenden Analyseschritte, in der eine Zuordnung der einzelnen Artikel zu Unterthemen erfolgt (vgl. ebd.).

Das weitere Vorgehen der Analyse eines Diskursstranges gliedert Jäger (2001a: 190ff.) in eine vorangestellte Strukturanalyse und eine darauffolgende Feinanalyse. Im Rahmen der Strukturanalyse ist es zunächst sinnvoll, den diskursiven Kontext zu ermitteln, d. h. alle diskursiven Ereignisse zu erfassen, die mit dem Thema des Diskursstranges in Verbindung stehen. Dies hilft die Struktur des Diskursstranges zu erarbeiten, da hierdurch Höhepunkte und die Entwicklung des Diskursstranges aufgezeigt werden. Danach erfolgt eine Analyse der Grundstruktur des Diskursstranges, die im Falle von Medienanalysen eine Voranalyse mit Stichpunkten zu allen Artikeln innerhalb des synchronen Schnittes beinhaltet. Zu berücksichtigen ist hierbei die Erfassung der wichtigsten Themen und Unterthemen, die Kernbotschaft ebenso wie Autor, Textsorte, Kollektivsymbole und Bebilderung des Artikels.

Anschließend findet eine Auswahl typischer Artikel für die Feinanalyse statt, für die folgende Gesichtspunkte zu Grunde gelegt werden können: „Die Botschaft der gesamten Berichterstattung ist enthalten, der Artikel ist in für die Zeitung typischer Weise bebildert, er hat einen für

---

11 Auf eine ausführliche Bildanalyse, wie sie z. B. von Müller (2003) praktiziert wird, wird in dieser Betrachtung verzichtet. Zum einen würde eine entsprechende Bildanalyse den Rahmen dieser Untersuchung überschreiten; zum anderen ist diese für die hier verfolgte Betrachtung der Bilder als Teil von Diskursen nicht unmittelbar zielführend.

die Zeitung typischen Umfang, er entspricht dem durchgängigen sprachlichen Stil der Zeitung etc. [...]" (Jäger 2000b). Die Feinanalyse umfasst dann folgende Analyseschritte: die Bestimmung des institutionellen Rahmens, der Text-Oberfläche, der sprachlich-rhetorischen Mittel, der inhaltlich-ideologischen Aussagen und die zusammenfassende Interpretation des Artikels (vgl. Jäger 2001a: 175).

Nach der Feinanalyse der typischen Diskursfragmente schließt die Gesamtinterpretation des Diskursstranges die Analyse ab. Hier fließen alle wesentlichen Resultate der einzelnen Feinanalysen und der überblicksgebenden Strukturanalyse ein. Vor dem Hintergrund einer zentralen, globalen Fragestellung werden diese Einzelergebnisse reflektiert und zu einer Gesamtaussage des untersuchten Diskursstranges zusammengeführt (vgl. Jäger 2000a).[12]

3.5 Operationalisierung

Diskurse können zusammenfassend als Träger von Wissen und Wahrheit bestimmt werden, die vermittelt durch das Handeln der Menschen wirklichkeitskonstituierend und machtstrukturierend wirken. Die Analyse von Diskursen richtet ihren Blick auf die Wissensordnung(en) und Machtrelation(en) einer Gesellschaft, denen der Diskurs zugleich deutend und generierend gegenübersteht.

Mit den methodischen Begriffsbestimmungen nach Jäger lässt sich der Ansatz der kritischen Diskursanalyse für diese Arbeit dabei folgendermaßen operationalisieren: Innerhalb des gesamtgesellschaftlichen Diskurses werden die Diskursstränge zum Mobiltelefon und zu sozialen Bewegungen herausgegriffen und hinsichtlich ihrer Verschränkungen über Subthemen und davon ausgehenden diskursiven Effekten analysiert. Die Präsidentschaftswahl im Iran und der Tod von Neda sind dabei als diskursive Ereignisse zu verstehen, die sowohl die Eingrenzung der diskursanalytischen Betrachtung durch die Markierung eines synchronen Schnittes durch die Diskursstränge ermöglichen als auch den diskursiven Kontext für die Betrachtung der Mobiltelefonnutzung im Rahmen Irans Grüner Bewegung bereitstellen. Mit der diskursanalytischen Untersuchung der Beiträge zweier hegemonialer Printmedien (Der Spiegel und SZ) erfolgt auf der Diskursebene die Festlegung auf einen Teil-Sektor des Mediendiskurses. Die entsprechenden Artikel sind als Diskursfragmente

---

12 Jäger stellt für die Materialaufbereitung und die anschließende Diskursanalyse einen Analyseleitfaden zur Verfügung, der im Anhang unter 8.1 wiedergegeben ist.

zu sehen, die die Grundlage zur Identifizierung von Aussagen innerhalb der Diskurse zum Mobiltelefon und zu sozialen Bewegungen bilden.

Die in den Artikeln enthaltenen Bilder werden hierbei als den einzelnen Diskursfragmenten zugehörig betrachtet. In Verbindung mit den textlichen Aussagen werden diese als damit in Beziehung stehende visuelle Äußerungen in die Analyse einbezogen. Im Rahmen der Analyse wird entsprechend eine diskursorientierte Bildanalyse vorgenommen, die auf die Identifizierung und Interpretation von diskursiven Bezügen zwischen Bild- und Textebene abzielt. Diese Methodik schließt an Jäger und Jäger (2007: 109ff.) an, die in ihrer Analysepraxis in gleicher Weise vorgehen.

Zuletzt ist hinsichtlich der diskurstheoretischen Betrachtung dieser Arbeit festzuhalten, dass mit der Analyse des Mediendiskurses in zwei hegemonialen Printmedien zum einen ein Interdiskurs des gesamtgesellschaftlichen Diskurses untersucht wird. Durch die sekundäranalytische Erfassung zum Mobiltelefon und zu sozialen Bewegungen wird zum anderen der Spezialdiskurs der Wissenschaft mitberücksichtigt, der zwar keiner ausführlichen Diskursanalyse unterzogen, aber zur Untersuchung der Verschränkung der Diskursstränge herangezogen wird.

Nach dieser theoretisch-methodischen Grundlegung widmet sich das folgende Kapitel der entwicklungshistorischen und thematischen Erschließung der beiden zu untersuchenden Diskursstränge zum Mobiltelefon und zu sozialen Bewegungen.

4 DAS MOBILTELEFON UND SOZIALE BEWEGUNGEN

Das Telefon hat seit seinen Anfängen nur wenig wissenschaftliche Beachtung erfahren (vgl. Geser 2004: 25; Goggin 2007: 2). Im Gegensatz dazu erfreut sich das Mobiltelefon gegenwärtig eines vergleichsweisen großen wissenschaftlichen Interesses, obwohl die vorliegenden Studien laut Goggin (ebd.: 5) weiterhin eine hohe Fragmentierung und Unvollständigkeit hinsichtlich der Aneignung neuer und der Veränderung bestehender sozialer Strukturen, Beziehungen und Verhaltensweisen aufweisen. Zudem erfährt das Internet eine deutlich größere Aufmerksamkeit (vgl. Geser 2004: 12), weshalb die nachfolgenden Ausführungen teils auf Beiträge zurückgreifen, die in erster Linie das Internet bzw. digitale Medien mit mobilem Internetzugang zum Gegenstand haben und sich nur in zweiter Instanz auf damit zusammenhängende Aspekte des Mobiltelefons beziehen.

Die relevanten Subthemen und Kollektivsymboliken innerhalb der Diskursverschränkung Mobiltelefon/soziale Bewegungen werden in drei Schritten herausgearbeitet: Als erstes werden nach einer knappen Abhandlung der historisch-technischen Entwicklung die Effekte des Mobiltelefons auf Sozialleben und -ordnung betrachtet. Dann wird sich der Mobiltelefonnutzung im Rahmen sozialer Bewegungen gewidmet, wobei auch eine kurze Einführung zu sozialen Bewegungen und ihrer Relation zu den Medien gegeben wird. Das Kapitel schließt mit einer Identifizierung von Subthemen und Kollektivsymboliken im Kontext der Diskursverschränkung Mobiltelefon/soziale Bewegungen ab.

4.1 Das Handy: Entstehungsgeschichte und soziale Effekte

Da sich diese Untersuchung auf die deutsche Berichterstattung und damit auf die deutsche und westlich geprägte Diskurslandschaft bezieht, wird der Fokus hinsichtlich der Entwicklungs-, Ausbreitungs- und Nutzungsgeschichte des Handys sowie der damit verbundenen sozialen Veränderungen auf den deutschen bzw. westlichen Kontext gelegt. Zudem wird die Betrachtung der sozialen Funktionen und Effekte des Handys auf den Bereich der Sozialordnung und des generellen Soziallebens begrenzt. Mögliche Auswirkungen auf den Alltag der Menschen sowie auf das Individuum an sich werden ausgeklammert,[13] da diese Gesichtspunkte in Hinblick auf die Rolle des Mobiltelefons innerhalb sozialer Bewegungen weniger relevant sind.

4.1.1 Vom mobilen Telefon zum Multifunktionsgerät: Entwicklung, Ausbreitung und Nutzung des Handys

Von seinem technischen Ursprung her ist das Mobiltelefon weniger mit dem Telefon als vielmehr mit dem Radio verwandt (vgl. Völker 2010: 14), da es die „drahtlose Kommunikation" (Burkart 2007: 24) mittels Radio-/Funkwellen ermöglicht. Die Anfänge des Mobiltelefons sind entsprechend in der drahtlosen Funkübertragung zu finden, die auf den technischen Errungenschaften von Heinrich Hertz 1886 (Übertragung elektromagnetischer Wellen) und Guglielmo Marconi 1895 (drahtlose Telegrafie) aufbaut. Wichtige Stationen der Entwicklung des drahtlosen Funkeinsatzes sind der Untergang der Titanic 1912, nach dem der ständige Funkkontakt im Schiffsverkehr zur Pflicht wurde, der Einsatz der Ein-Wege-Radiokommunikation im Polizeistreifenverkehr in den USA ab 1921 und die Möglichkeit, auf der Zugverbindung Berlin-Hamburg mobil zu telefonieren, ab 1926 in Deutschland. Während des Zweiten Weltkrieges kam es 1943 schließlich zum Einsatz der ersten tragbaren Radiotelefone beim US-Militär (später bekannt als Walkie-Talkies) und 1946 wurde in den USA das erste Mobilfunknetz in Betrieb genommen, das die drahtlose Funkkommunikation zwischen Individuen erlaubte (vgl. ebd.: 25; Goggin 2007: 25).

Ein wichtiger Schritt zur heutigen Handy-Kommunikation war die Entwicklung des Autotelefons. Bereits zu Beginn der 1950er Jahre war in Deutschland das mobile Telefonieren mittels eines Radio-Telefons nicht mehr nur für Polizei, Feuerwehr und Eisenbahn möglich, sondern auch für den vielreisenden Geschäftsmann in seinem Automobil. Aufgrund des hohen Gewichts der Telefongeräte war zu dieser Zeit noch die Verankerung in einem Auto notwendig (vgl. Weber 2008: 231f.). Bis Mitte der 1970er Jahre blieb das Autotelefon eine exklusive und elitäre Technik. Gründe hierfür waren zum einen die teuren Geräte und hohen Gebühren für die Funknetznutzung und zum anderen die geringe Verfügbarkeit von Frequenzen in den damaligen Mobilfunknetzen der BRD (vgl. ebd.:

---

13 Für einen Überblick hierzu sei u. a. auf Plant 2001, Ling/Haddon 2001 und Haddon 1998 verwiesen.

232ff.). Erst mit der Einführung des CB-Funks (Citizens' Band Radio) – auch bezeichnet als „'Jedermann-Funk'" (ebd.: 235) – wurde diese Exklusivität der mobilen Kommunikation aufgehoben; sie blieb aber weiterhin auf das Telefonieren im Auto beschränkt (vgl. ebd.: 235ff.).

Für die gesellschaftsweite Ausbreitung des Handys war letztlich die Entwicklung leichter und kleiner Geräte entscheidend, da dies das mobile Telefon vom Auto loslöste und erst ein Mobiltelefon im eigentlichen Sinn ermöglichte. Die erste Generation (1G) der Mobiltelefone der 1980er Jahre war noch durch eine unhandliche Größe, geringe Funktionalität und Qualität sowie die niedrige Entwicklungsstufe der Mobilfunknetze gekennzeichnet (vgl. Goggin 2007: 31). Sie wurde in Deutschland weiterhin nur von einer elitären Minderheit als Zusatz zum Autotelefon genutzt (vgl. Weber 2008: 259). Im Zuge der Digitalisierung der Netzwerke wurde die Funktionalität des Mobilfunknetzes jedoch Anfang der 1990er Jahre verbessert (vgl. Goggin ebd.): 1992 wurde der digitale GSM-Standard (Global System for Mobile Communication)[14] in Europa eingeführt, womit eine „Integration und Kompatibilität der regionalen Netze" (Burkart 2007: 26) erreicht wurde. Die Digitalisierung führte so zu einer „deutliche[n] Verkleinerung und verbesserte[n] [...] Gesprächsqualität" (ebd.) sowie zu neuen Formen der Informationsaufbewahrung und Kontrolle (z. B. in Form der Rufnummernanzeige) der nun zweiten Generation (2G) der Mobiltelefone (vgl. Weber 2008: 256). Zudem verfügte das GSM-Netz durch PIN-Code und SIM-Karte über einen hohen Sicherheitsstandard hinsichtlich des Schutzes vor Abhörung, Diebstahl und Missbrauch (vgl. ebd.: 254f.; Goggin 2007: 133). In seiner Anfangsphase war das GSM-Handy dabei noch wie zuvor das Autotelefon und das G1-Mobiltelefon ein elitäres Produkt, das mit Geschäftsleuten verbunden wurde und nicht nur der Raumüberbrückung, sondern auch dem Prestige seines Besitzers diente (vgl. Weber 2008: 266f.). Ende des 20. Jahrhunderts kam es aber zu einer „rasante[n] Verbreitung von Handys" (ebd.: 251) und das „Westentaschentelefon für ‚Jedermann'" (ebd.) und die „‚Jedermann'-Mobiltelefonie" (ebd.) wurden Realität.

Nach Mitte der 1990er Jahre erfuhr das Handy dann einen Statuswandel hin zum Produkt für unterschiedliche Nutzergruppen und Spaß-Objekt, was Weber (ebd.: 277f.) am Modeldesign und an der Marketingstrategie der Hersteller aufzeigt. Seit Ende der 1990er ist eine deutliche Abwendung vom Image des Statusobjekts für Geschäftsmänner hin zu einer Feminisierung und Verjugendlichung des Handys zu verzeichnen. Entsprechend war das Handy Anfang 2000 nach einer deutschen Studie unter Jugendlichen besonders weit verbreitet, was allem voran dem mit

[14] GSM wurde nicht Standard in den USA und in Japan (vgl. Burkart 2007: 209).

2G-Mobiltelefonen möglich gewordenen SMS-Dienst (Short Message Service) zugeschrieben wurde (vgl. ebd.: 290).[15]

Im Laufe der 1990er Jahre wurden die digitalen Mobiltelefone immer weiterentwickelt, so dass im Jahr 2000 mit der Konvergenz mit anderen Medien, wie Digitalkamera, Radio oder MP3-Player, und der Unterstützung von Multimedia- und Internet-Diensten durch das WAP-Netz (Wireless Application Protocol) die Generation der 2.5G-Handys ausgerufen wurde (vgl. Goggin 2007: 33; Hogrefe 2009: 4 u. 72; Burkart 2007: 212). Das Handy war nun nicht mehr nur ein mobiles Telefon, sondern ein „mobiles Multi-Funktionsgerät [...], die persönliche mobile Datenzentrale für zahlreiche Kommunikations- und Informationsbedürfnisse" (Burkart 2007: 101).

Bereits seit Ende der 1990er wird von einer dritten Generation (3G) des Mobilfunks gesprochen, die mit dem UMTS-Standard (Universal Mobile Telecommunication System) eine höhere Bandbreite als GSM bereitstellt. Dies ist vor allem für die Übertragung großer Datenmengen bei Bildern und Filmen von Bedeutung. Das erste 3G-Mobilfunknetz wurde in Deutschland allerdings erst 2004 in Betrieb genommen (vgl. Goggin 2007: 189ff.; Burkart 2007: 212). Gemeinsam mit dem bereits eingeführten WAP-Netz und dem damit möglich gewordenen mobilen Internetzugriff war das Handy nun endgültig zu einem „broadcasting tool" (Lasen 2002: 6) geworden, das eine schnelle und günstige Verbreitung von Informationen ermöglichte (vgl. Geser 2004: 6). Eine neue Funktion der 3G-Handys war das GPS (Global Positioning System), die Lokalisierungsmöglichkeit von Handys über das Satellitensystem (vgl. Goggin 2007: 196). Die neueste, vierte Generation (4G) des Mobilfunks wurde 2010 eingeführt und verspricht durch die Integration von verschiedenen Zugriffnetzen (wie WLAN (Wireless Local Area Network) und LTE (Long Term Evolution)) einen zuverlässigen Internetzugriff sowie eine wiederum höhere Bandbreite (vgl. ebd.: 203; Burkart ebd.).

Betrachtet man die weltweite Verbreitung, so zeigt sich, dass das Mobiltelefon mittlerweile fast überall auf der Welt allgegenwärtig ist (vgl. West 2008). Wenn sich bis vor wenigen Jahren der Mobilfunk in erster Linie auf Europa und Nordamerika beschränkte, verzeichnen die Entwicklungsländer des globalen Südens heute die größten Wachstumsraten (vgl. ebd.: 1), wo das Mobiltelefon in einigen Ländern als technisches Substitut für Festnetzanschlüsse fungiert (vgl. Castells 2007: 7; Burkart 2007: 34). Bezüglich globaler Nutzerzahlen hat das Mobiltelefon das Internet über-

---

15 Besonders hohe SMS-Nutzerraten weisen global Europa und die asiatische Pazifikregion auf (vgl. ebd.).

holt und konkurriert im Verbreitungsgrad mancherorts sogar mit dem Fernseher (vgl. West 2008: 1 u. 58ff.).

4.1.2 Effekte des Mobiltelefons auf Sozialordnung und Sozialleben

Ein Mobiltelefon zu besitzen ist vor allem, aber nicht nur, in westlichen Ländern „zur Normalität und zur Norm" (Burkart ebd.) geworden. Das Mobiltelefon zeigt sich heute als eine zentrale kulturelle Technologie, mit der eine ganze Reihe von sozialen Aktivitäten verbunden ist, wie u. a. im konstanten Kontakt bleiben, SMS schreiben, im Internet surfen, Leute treffen, flirten und andere lokalisieren (vgl. Goggin 2007: 2). Das Mobiltelefon versetzt das Individuum mit seinen zahlreichen Funktionen in die Lage, autonom an der Gesellschaft zu partizipieren und ist in diesem Zusammenhang sogar zu einem Initiationssymbol geworden, wenn Kinder als Zeichen des Erwachsenwerdens ein Handy geschenkt bekommen (vgl. Weber 2008: 291).

Als ein drahtloses elektronisches Medium steht das Handy an der Schnittstelle zwischen Transport- und Kommunikationstechnik und bietet seinem Nutzer vor allem eines: Mobilität. Mit dem Mobiltelefon wird es möglich, während der Fortbewegung zu kommunizieren und nicht nur eigene räumliche und zeitliche Abhängigkeiten zu überwinden (vgl. Weber 2008: 13), sondern die Kommunikation selbst von Raum und Zeit zu entfesseln (vgl. Buschauer 2010: 23). Es befähigt das Individuum, flexibel und eigenständig zu agieren und reagieren, wodurch das Handy zum Freiheits- und Emanzipationsmedium des Einzelnen wird (vgl. Weber ebd.). Das Handy – wie jede tragbare Konsumelektronik generell – ist so gesehen eine „Individualisierungsmaschine, die ihrem Nutzer eine größere Autonomie und eine stärkere Kontrolle über die jeweilige Situation" (ebd.: 22) gibt.

Mit dem Mobiltelefon geht eine „ubiquitäre Erreichbarkeit" (Burkart 2007: 51), eine „permanente und allgegenwärtige Konnektivität" (Völker 2010: 30) einher, die die Bildung von Kommunikationsnetzwerken begünstigt. Geser (2004: 26) benennt in diesem Kontext einen ermächtigenden und erweiternden Effekt des Mobiltelefons auf der mikrosozialen Interaktionsebene, der einen Gegentrend zu der vormals zentral und formal organisierten Machtwirkung von Massenmedien wie Presse, Radio und Fernsehen darstellt. Denn im Gegensatz zu diesen „asymmetrischen Einwegmedien" (ebd.), die der Kommunikationslogik Einer-an-Viele folgen und mit ihren Botschaften die Interessen von Unternehmen, Regierungen, Parteien oder anderen Institutionen vermitteln, etablieren digitale Medien wie das Mobiltelefon dezentralisierte Netzwerke, die dem Einzelnen die Freiheit verleihen, jederzeit und ununterbrochen mit anderen in Kontakt zu treten und zu interagieren (vgl. ebd.: 32).

Die Ausbreitung der mobilen Viele-an-Viele-Kommunikation mit dem Handy impliziert somit einen Wandel der sozialen Machtverteilung. Damit verknüpft ist auch ein demokratisierender Effekt, der sich vor allem auf drei Ebenen zeigt: auf der Ebene des Zugangs zu sozialer Kommunikation, der sozialen und politischen Organisations- und Koordinationsmöglichkeiten und der Nachrichtenberichterstattung.

In Hinblick auf den ersten Aspekt verweist Burkart (2007: 167) in Anknüpfung an die Vorstellung des globalen Dorfes von McLuhan[16] darauf, dass die mobile mündliche Kommunikation mit einer Schwächung der schriftlichen einhergeht. Damit erhalten zum einen Analphabeten einen breiteren Zugang zu gesellschaftlicher Kommunikation. Zum anderen lässt sich in Bezug auf die weite Verbreitung des Mobiltelefons im globalen Süden auch ein demokratisierendes Potential sehen, wie es die Ausführungen von West (2008: 1, 5 u. 7) implizieren. Die große Annahme der Mobiltelefontechnologie in ärmeren Ländern ist nicht nur auf die dort meist weniger entwickelte technische Infrastruktur zurückführen, sondern auch darauf, dass die Zugangsbeschränkungen für das Mobiltelefon hinsichtlich der Kosten[17] und des notwendigen technischen Wissens geringer sind als bspw. beim Internetzugriff über den PC (vgl. ebd.). Entsprechend ermöglicht das Mobiltelefon einer breiteren Masse in Entwicklungs- oder Schwellenländern die Teilhabe an gesellschaftlicher Kommunikation.

Der zweite demokratisierende Effekt zeigt sich im Kontext der Kommunikationsnetzwerke, die sich im Zuge der Mobiltelefonie ausformen. Diese besitzen die Fähigkeit, kollektiv unterhalb der formalen Ebene sozialer Organisationen zu agieren, da das Mobiltelefon die Bildung informeller und spontaner sozialer Kooperation begünstigt (vgl. Geser 2004: 36). Die drahtlose Kommunikation des Mobiltelefons schafft nach Shirky (2008: 20f.) dabei nicht nur neue Wege der Koordination, sondern auch des Ergreifens kollektiver Handlungen und der Gruppenbildung. Mit der Mobiltelefonie wird es daher bislang marginalisierten Gruppen möglich, „sich Machtstrukturen zu widersetzen" (Burkart ebd.). Rhein-

---

16 Den Begriff des globalen Dorfes prägte McLuhan in seinem erstmals 1962 erschienen Buch *The Gutenberg Galaxy - The Making of Typographic Man*. Eine deutsche Version erschien 1968 unter dem Titel *Die Gutenberg-Galaxis - Das Ende des Buchzeitalters* (vgl. hier insb. S. 47ff.).

17 Um die Märkte des globalen Südens zu erschließen, haben Mobilfunkunternehmen in der Vergangenheit die Verbindungspreise in diesen Ländern deutlich gesenkt und günstige Geräte speziell für diesen Markt entwickelt (vgl. West 2008: 1 u. 13).

gold (2002: xii) benennt diese neue Form der Gruppenbildung auch als *smart mob* und beschreibt damit einen sozialen Zusammenschluss von Menschen, bei dem diese mittels mobiler Kommunikationsgeräte mit Internetzugriff gemeinsam handeln, obwohl sie sich nicht in der näheren Umgebung voneinander befinden und sich nicht einmal notwendigerweise kennen. Als ein „mobile ad hoc social network" (ebd.: 169) bildet sich ein *smart mob* zwischen mobilen Individuen aus, die als Knoten im Netzwerk über Verbindungen zu anderen in Form von Kommunikationskanälen und sozialen Beziehungen verfügen (vgl. ebd.: 170). Ein nicht zu unterschätzender Nebeneffekt dieser neuen Kooperationsform ist nach Rheingold (ebd.: xxi) allerdings, dass sich in der Vergangenheit auch Terroristen und das organisierte Verbrechen durchaus erfolgreich der Organisations- und Koordinationstaktiken von *smart mobs* bedient haben.

Drittens wird eine demokratisierende Wirkung des Mobiltelefons insbesondere hinsichtlich der Berichterstattung über Katastrophen und andere unerwartete Ereignisse ausgemacht, die mithilfe der weitverbreiteten Fotohandys heute verstärkt durch zufällig Anwesende oder Beteiligte erfolgt anstatt durch professionelle Journalisten (vgl. Burkart 2007: 168). Im Rahmen dieses Zivil- oder Bürgerjournalismus wird ein Umbruch in der traditionellen Dokumentationskultur einerseits (vgl. ebd.: 7) und innerhalb des „Informationsmonopols der Massenmedien und professionellen Publizisten" (Döring/Gundolf 2006: 247) andererseits gesehen, wenn die Bürger durch Fotohandys, mobile Netzwerkkommunikation und mobilen Internetzugang nicht nur zunehmend am „freien Informations- und Meinungsaustausch" (ebd.: 248) partizipieren, sondern auch selbst von weltweiten Geschehnissen durch z. B. das sogenannte *mobile blogging* oder *moblogging* live berichten können (vgl. ebd.; Burkart 2007: 7 u. 168; Castells et al. 2007: 118).

Eng hiermit verbunden ist sowohl eine Zunahme der expressiven Macht des Einzelnen als auch eine Neuordnung des Nutzerverständnisses, denn jeder Nutzer ist potentiell nicht mehr nur Konsument, sondern auch Produzent von Inhalten (vgl. Shirky 2008: 107). Da diese Inhalte – verpackt in z. B. SMS-Nachrichten oder E-Mails, die praktisch unendlich kopiert und weitergeleitet werden können – nicht einfach an einzelne Individuen adressiert, sondern innerhalb der neuen Kommunikationsnetzwerke an ganze Gruppen versendet werden, kommt es in diesem Kontext zu einer Ausweitung der Empfänger, d. h. des potentiellen Publikums dieser Inhalte (ebd.). Insbesondere den Handyfotos kommt im Rahmen dieser theoretisch unendlichen Weiterleitungsmöglichkeit eine „politisch-emanzipatorische Bedeutung" (Döring/Gundolf 2006: 256) zu, da Bilddokumente von z. B. Gewaltanwendungen gegen Demonstranten oder Minderheiten aufgenommen und gleich darauf im Internet veröffentlicht werden können. Auf diese Weise sind sie dann praktisch „niemals mehr aus der Welt zu schaffen, selbst wenn das betreffende Fotohandy noch konfisziert oder zerstört werden sollte“ (ebd.).

Ein Grund für diese neue Form des Bürgerjournalismus ist dabei in der Allgegenwart von Fotohandys zu finden, die in ständiger Bereitschaft und immer verbunden mit dem Kommunikationsnetzwerk und Internet sind. In der Vergangenheit trugen die Menschen nur selten eine Kamera mit sich, um bei zufälligen Ereignissen die Geschehnisse dokumentieren zu können (vgl. Goggin 2007: 146; Burkart 2007: 7). Heute hingegen sind sie durch das digitale Fotohandy mit einem „ever-present image-capture device“ wie auch „ever-present image-sharing and transmission device“ (Goggin 2007: 150) ausgestattet, was sie in die Lage versetzt, ihre eigenen Nachrichten jederzeit zu veröffentlichen (vgl. ebd.: 147). Einen besonderen Aspekt des mit den Fotohandys einhergehenden Bürgerjournalismus sieht Goggin (2007: 148f.) dabei in der Macht des Jetzt: Fotohandys vermitteln ein Gefühl der Unmittelbarkeit, da Bilder direkt nach ihrer Aufnahme angesehen und anderen zur Verfügung gestellt werden können. Das Fotohandy bietet somit nicht nur die Möglichkeit, „authentische visuelle Hier-und-Jetzt-Informationen für intime Freunde und Verwandte [zu] liefern“ (Nyìri 2006: 188), sondern durch den mobilen Internetzugang diese Informationen einer tendenziell unendlichen Zahl an interessierten Web-Nutzern ohne Zeitverzögerung zugänglich zu machen.

Diesbezüglich wird auch von einer „mass amateurization of publishing“ (Shirky 2008: 65) gesprochen. Diese hebt die inhärenten Einschränkungen, die mit der Gegebenheit von einer kleinen Zahl an traditionellen Medienkanälen einhergeht, auf. Die traditionellen Nachrichtenmedien berichten aufgrund ihrer professionellen Bias nicht notwendigerweise von allen Ereignissen, die von öffentlichem Interesse sind. Dahingegen werden im Rahmen selbst publizierter Inhalte im Internet auch Informationen veröffentlicht, die von den Pressemedien nicht aufgegriffen werden. Ein Nachteil dieser Amateur-Nachrichtenkanäle ist jedoch, dass ihnen eine geringere Vertrauenswürdigkeit zuteilwird als etablierten Nachrichtenmedien (vgl. ebd.: 65f.).

Eng mit diesem Aspekt verknüpft sind Gegenstimmen, die im Kontext des Bürgerjournalismus die Gefahr des Qualitätsverlusts in der Medienlandschaft konstatieren. Diese reservierte Haltung speist sich vor allem aus dem Umstand, dass gegenwärtig auch professionelle Journalisten in ihrer Berichterstattung auf derartige „Laien-Quellen“ (Burkart 2007: 168) zurückgreifen. Von dieser Seite wird daher häufiger von einer drohenden bzw. bereits stattfindenden Entprofessionalisierung des Journalismus anstatt von einer Demokratisierung desselben gesprochen (vgl. ebd.). Eine etwas andere Position vertreten dabei Döring und Gundolf (2006: 255), die in Bezug auf *mo-blogs* keine Substitution des professionellen Journalismus sehen, sondern eine komplementäre Beziehung zwischen beiden ausmachen. Da *moblog*-Inhalte nur im Kontext anderer journalistischer Berichte interpretiert werden können und sie eine journalistische und politische Signifikanz erst dann erreichen, wenn sie entsprechend propagiert werden, stellen die Massenmedien im Prozess der journalistischen Berichterstattung weiterhin eine zentrale Einflussgröße hinsichtlich des Bekanntheitsgrads von *moblogs* dar (vgl. ebd.).[18]

Durch die digitalen, mobilen Medien wie das Handy erlangen die Menschen somit in vielerlei Hinsicht neue Möglichkeiten des Zugangs zu und der Verbreitung von Informationen sowie damit zusammenhängend von Wissen, was im Sinne Foucaults eine Umverteilung der Machtverhältnisse impliziert. Gleichzeitig geht mit dem Mobiltelefon aber ein Verlust alter Freiheiten und ein Zugewinn an Möglichkeiten der sozialen Kontrolle einher (vgl. Rheingold 2002: xiii u. xviii). Dies zeigt sich zum einen in dem Zwang zur ständigen Erreichbarkeit und der damit verbundenen Kontrolle und Überwachung durch andere Nutzer. In diesem Rahmen kann die soziale Unabhängigkeit, die das Mobiltelefon mit sich bringt, ebenso zu einer neuen Form sozialer Abhängigkeit werden. Denn der Nutzer wird nicht bloß von lokalen Fixierungen befreit, sondern gleichzeitig jederzeit lokal erreichbar (vgl. Burkart 2007: 60; Lasen 2002: 34), wodurch sich eine Form der wechselseitigen Selbst-Lokalisierung der einzelnen Nutzer ausbildet (vgl. Buschauer 2010: 312).

Zum anderen ist das Mobiltelefon ein „Teil eines technischen Dispositivs" (Buschauer 2010: 312), indem es aufgrund seiner Anbindung an ein flächendeckendes Lokalisierungssystem zu einer „überwachte[n], ‚unsichtbare[n] und mobile[n] (Gefängnis-) Zelle'" (ebd.) wird. Die in das Mobiltelefon integrierte „location awareness" (Rheingold 2002: 98) wird heute nicht mehr nur durch die Möglichkeit der Zurückverfolgung eines vom Handy ausgesendeten Radiosignals innerhalb des Funknetzes erreicht, sondern auch über das bereits angesprochene GPS-System. Dadurch existiert eine Form der „ständigen technischen Konnektivität, Lokalisierung und Überwachung mobiler Apparate und damit auch User" (Buschauer ebd.), die einem selbstgewebten panoptischen Netz gleicht, das selbst Orwells gefürchteten Überwachungsstaat in den Schatten stellt (vgl. Rheingold 2002: xxi). In diesem Rahmen ist auch die Entwicklung von Technologien zu nennen, die z. B. das Filtern oder Scannen von Textnachrichten erlauben (vgl. Morozov 2011: 175).

---

[18] Dem lässt sich jedoch entgegenhalten, dass die Steigerung der Bekanntheit von solchen Plattformen ebenso über das Internet (z. B. über Empfehlungen) funktioniert, was auch Döring und Gundolf (ebd.) selbst anmerken. Zudem ist anzuführen, dass einmal etablierte Plattformen dieser anfänglichen Bekanntmachung durch die traditionellen Massenmedien nicht mehr benötigen.

Wie sich nun die Nutzung des Mobiltelefons speziell in sozialen Bewegungen darstellt, wird im Folgenden betrachtet. Um die Handynutzung in sozialen Bewegungen besser einordnen zu können, wird hierbei zunächst eine generelle Einführung zu sozialen Bewegungen und ihrer Mediennutzung gegeben. Diese Ausführungen beschränken sich dabei auf den vorherrschenden westlichen Wissenschaftsdiskurs zu sozialen Bewegungen und verfolgen nicht das Ziel, eine umfassende Diskussion der gegenwärtigen Theorien und Auffassungen zu sozialen Bewegungen zu leisten. Sie dienen lediglich dazu, die zentralen Aspekte des Diskurses zu sozialen Bewegungen wiederzugeben, wie sie für das Verständnis der späteren Diskursanalyse der deutschen Berichterstattung zur Mobiltelefonnutzung in Irans Grüner Bewegung relevant sind.

4.2 Medien- und Mobiltelefonnutzung in sozialen Bewegungen

4.2.1 Soziale Bewegungen: historische Entwicklung und Definition

Nach der vorherrschenden Auffassung im westlichen Wissenschaftsdiskurs sind soziale Bewegungen eine noch recht junge Erscheinung. Erst im späteren 18. Jahrhundert haben die Menschen in Westeuropa und Nordamerika begonnen, dieses *neue* politische Phänomen auszubilden (vgl. Tilly/Wood 2009: 3). Protestbewegungen an sich sind allerdings kein Produkt der jüngeren Geschichte (vgl. Kern 2008: 12), denn bereits seit der Antike sind Protestbewegungen bekannt, die damals jedoch auf die Re-Etablierung einer traditionellen Ordnung zielten und so gesehen auf die Vergangenheit gerichtet waren. Erst mit der Moderne hat sich im Zuge der Aufklärung ein Verständnis von sozialer Ordnung als zukunftsorientiertes Projekt entwickelt und Protestbewegungen haben angefangen sich als Akteure des Wandels zu begreifen (vgl. ebd.: 13). Rucht (1994: 338f.) bestimmt dabei soziale Bewegungen als relativ dauerhaft mobilisierte Netzwerke von Gruppen und Organisationen, die sich auf eine kollektive Identität stützen und versuchen, sozialen Wandel durch öffentlichen Protest hervorzurufen, abzuwenden oder rückgängig zu machen.[19]

Generell werden drei große Wellen von sozialen Protestbewegungen ausgemacht: Erstens die bürgerlich-emanzipatorischen Bewegungen zur

---

[19] Allgemein existiert eine Vielzahl an Definitionen von sozialen Bewegungen, wobei es nach Donk et al. (2004: 5f.) eine Frage der analytischen Perspektive ist, ob der Fokus mehr auf der Herausforderung von Obrigkeiten liegt, der symbolischen Konstruktion und Aufrechterhaltung einer kollektiven Identität oder dem Ensemble miteinander verbundener Organisationen, die dieselben Ziele verfolgen.

Zeit der Aufklärung, als in Bürgerrevolutionen in Europa und den USA gegen die absolutistische und religiös-legitimierte Herrschaftsordnung rebelliert wurde; zweitens die Arbeiterbewegung im Zeitalter der Industrialisierung, die einerseits zur Etablierung sozialistischer Gesellschaftsordnungen und andererseits zur Demokratisierung, Frauenemanzipation und Konstitution sozialer Sicherungssysteme führte; und drittens die neuen sozialen Bewegungen nach dem Zweiten Weltkrieg, die sich u. a. in neuen Ausformungen der Frauen- und Friedensbewegung, in der Ökologiebewegung oder dem Global Justice Movement zeigen (vgl. Kern ebd.; Donk et al. 2004: 4).

Im Gegensatz zu den auch als traditionell bezeichneten sozialen Bewegungen der zweiten Welle zeichnen sich die sogenannten neuen sozialen Bewegungen durch eine heterogene Anhängerschaft aus, die nur lose verbunden ist und sich häufig über nationale Grenzen hinweg erstreckt. Auch sind neue soziale Bewegungen durch Diversität, Dezentralität, Informalität und eine sogenannte Graswurzel-Demokratie[20] gekennzeichnet, anstatt durch Einheit, Zentralität, Formalität und eine starke Führung. Während die ersten modernen sozialen Bewegungen noch auf Europa und Nordamerika begrenzt waren, sind soziale Bewegungen heute ein beständiger Teil von Politik und Gesellschaft auf der ganzen Welt (vgl. Kern 2008: 15).

Kommunikation wird allgemein als ein zentrales Element von sozialen Bewegungen betrachtet, da diese nicht ohne eine fortwährende Interaktion – intern und extern mit ihren Bezugsgruppen – existieren können (vgl. Donk et al. 2004: 5f.). In Hinblick auf die oben beschriebene Netzwerkstruktur von neuen sozialen Bewegungen und ihren beschränkten Zugang zu finanziellen Ressourcen sehen Donk et al. (ebd.: 1) eine besondere Affinität zur Nutzung von digitalen Informations- und Kommunikationstechnologien. Diese ermöglichen den Zugang zu neuen Kommunikationskanälen, wie Webseiten, E-Mails, Blogs, Videoportalen, Textnachrichten und sozialen Netzwerken (vgl. Rogerson 2010: 3), und schaffen „another, new window to both see the world and be seen by the world" (ebd.: 2) jenseits von den traditionellen Massenmedien. Digitale Informations- und Kommunikationsmedien nehmen daher für soziale Bewegungen bei der Herstellung von Öffentlichkeit eine zentrale Bedeutung ein.

---

20 Der Begriff der Graswurzel-Bewegung geht auf Rheingold (1994: 22) zurück, der im Kontext computerbasierter Kommunikationsnetzwerke diese Metapher nutzt, um ein sich auf der Ebene individueller Nutzer ausbildendes Netz von Netzen sich immer weiter verzweigender Wurzeln zu beschreiben, das sich unabhängig von staatlichen oder sonstigen Institutionen und Organisationen entwickelt.

4.2.2 Mediennutzung und die Herstellung von Öffentlichkeit

Öffentlichkeit ist nach Neidhardt allgemein „als ein offenes Kommunikationsforum für alle [zu verstehen], die etwas sagen oder das, was andere sagen, hören wollen" (1994: 7). In den Öffentlichkeitsarenen existieren Öffentlichkeitsakteure, die als Sprecher ihre Meinungen darlegen oder als Kommunikatoren diese weitertragen. Eine weitere Größe bildet das Publikum, das sich als Beobachter in den Rängen der Öffentlichkeitsarenen versammelt (vgl. ebd.). Die gesellschaftliche Rolle sozialer Bewegungen besteht hierbei in der Mobilisierung von Bevölkerungsgruppen, die sich öffentlich als nicht angemessen vertreten sehen. Proteste von sozialen Bewegungen sind als Verstärker für Themen und Beiträge zu verstehen, die öffentliche Aufmerksamkeit oder Zustimmung erhalten sollen (vgl. Kern 2008: 155). Öffentlichkeit ist daher als Handlungsfeld sozialer Bewegungen zu begreifen (vgl. ebd.) und nimmt eine zentrale Funktion nicht nur hinsichtlich der „Herstellung von Solidarität" (ebd.: 156) ein, sondern auch für die Ausbildung einer kollektiven Identität der sozialen Bewegung. Die Herstellung von Öffentlichkeit ist somit ein wesentliches Mittel sozialer Bewegungen, „ihren Interessen Geltung zu verschaffen" (Rucht 1994: 347) und Anhänger für ihre Überzeugungen zu mobilisieren (vgl. Kern 2008: 157).

Den Massenmedien wird hierbei in zweifacher Hinsicht eine zentrale Bedeutung zugeschrieben. Zum einen dienen sie der „Spiegelung der Konfrontation" (Rucht 1994: 347) staatlicher Entscheidungsträger, die zum Erreichen sozialer Veränderungen unter Druck zu setzen sind. Diese Spiegelung führt zu öffentlicher Resonanz und erhöht potentiell den Druck auf Entscheidungsträger. Ein erster Schritt zur Einwirkung auf staatliche Entscheidungsträger durch Öffentlichkeit ist somit das Erreichen von Aufmerksamkeit in den und durch die Massenmedien (vgl. ebd.: 348). So betrachtet ist die Bedeutsam- und Nachhaltigkeit einer sozialen Bewegung von dem massenmedialen Interesse abhängig, das ihr zuteilwird. So hieß es auch bereits bei Raschke: „Eine Bewegung, über die nicht berichtet wird, findet nicht statt" (1985: 343).

Zum anderen stellen die Massenmedien „die kommunikative Infrastruktur für öffentliche Diskussion" (Kern 2008: 158) zur Verfügung. So sprechen Goodwin und Jasper (2009: 314) davon, dass moderne soziale Bewegungen kaum mehr ohne Medien vorstellbar sind. Denn heute kann es sich keine Bewegung mehr erlauben, die Massenmedien zu ignorieren, die eine viel größere Zahl an Empfängern erreichen als es eine Bewegung durch persönliche Netzwerke und eigene Publikationen jemals könnte.

Historisch betrachtet spielten bereits seit dem 18. Jahrhundert Zeitungen, Zeitschriften, Flugblätter und andere Printmedien eine zentrale Rolle bei der Verbreitung von Kampagnenbotschaften, der Aktionsankündigung sowie der Berichterstattung zu Erfolgen und Misserfolgen.

Die Veränderungen und Ausweitungen der Kommunikationsmedien im 20. Jahrhundert boten dann beispielslose Möglichkeiten für soziale Bewegungen ihr Publikum und damit verbunden ihre Öffentlichkeitsarena auszuweiten. In diesem Zuge wurden sowohl der Umfang als auch der Charakter der Berichterstattung Gegenstand der Strategien sozialer Bewegungen (vgl. Tilly/Wood 2009: 84f.).

Keineswegs gelang es aber den sozialen Bewegungen des 20. Jahrhunderts eine dominante oder gleichwertige Beziehung zu den Massenmedien zu etablieren (vgl. ebd.). Aufgrund der in den traditionellen Massenmedien inhärenten Asymmetrie der Einer-an-Viele-Kommunikation konnten soziale Bewegungen kaum auf die Medienberichterstattung zählen und hatten wenig Kontrolle über ihre mediale Darstellung (vgl. ebd.: 103 u. 85). So betont auch Kern (2008: 162), dass die Mobilisierungschance von sozialen Bewegungen nicht unabhängig von der Medienpluralität und -vielfalt betrachtet werden kann, denn je mannigfaltiger das wiedergegebene Meinungsbild ist, „desto mehr Möglichkeiten zur Einwirkung auf die Öffentlichkeit stehen offen" (ebd.). Daher ist die politische und wirtschaftliche Unabhängigkeit des öffentlichen Diskurses für soziale Bewegungen von großer Wichtigkeit, weshalb häufig von ihrer Seite die Forderung nach einer Demokratisierung der Medien erhoben wird (vgl. ebd.: 164).

Mit den digitalen Medien wird die Asymmetrie der massenmedialen Einer-an-Viele-Kommunikation zu einem gewissen Grad aufgehoben und einer möglichen Demokratisierung der Medien durch eine Viele-an-Viele-Kommunikation, wie bereits in Bezug auf das Mobiltelefone verdeutlicht wurde, Vorschub geleistet. Neben der Kostenreduzierung und erhöhten Reichweite der Kommunikation kommen mit den digitalen Medien auch neue Strategien des Sammelns, Aufbewahrens, Abrufens und der Verwendung von Information und damit neue Wissenswege auf (vgl. Dahlgren 2004: xv). Dieser Beitrag digitaler Kommunikationsmedien ist besonders wichtig für soziale Bewegungen, da ein essentielles Element ihrer nach außen gerichteten Strategie sowie des Empowerments ihrer Mitglieder die horizontale und globale Weiterverteilung von Wissen und Expertise ist. Ebenso werden die Möglichkeiten der taktischen Nutzung von Information für Organisation und Koordination gesteigert, was soziale Bewegungen heute mit einer Wirkmacht und Effizienz ausstattet, die ihnen vorher nicht zur Verfügung stand (vgl. ebd.).

Des Weiteren wird der Aufbau eigener Informationsplattformen und damit zusammenhängend die Ausbildung einer Gegenöffentlichkeit gefördert, wie es z. B. im Kontext des Bürgerjournalismus zu beobachten ist (vgl. Kern 2008: 164; Dahlgren 2004: xiii). Allerdings verweist Rucht (2004: 53) darauf, dass die tatsächliche Ausformung einer Gegenöffentlichkeit noch weit davon entfernt ist Realität zu werden. Stattdessen zeige sich eine Fragmentierung der öffentlichen Sphäre, die kaum beobachtbar und noch weniger kontrollierbar sei – sowohl für Akteure sozialer Bewegungen als auch für staatliche oder andere institutionelle Akteure.

Vor allem die drahtlose, mobile Kommunikation liefert Castells et al. (2004: 185) zufolge eine Plattform zur Erlangung politischer Autonomie auf Basis unabhängiger Kommunikationskanäle. Generell ist dabei eine wachsende Tendenz der Menschen auszumachen, diese neuen Kommunikationsmedien zu nutzen, um ihre Unzufriedenheit mit den Machthabern zu äußern und ihre Proteste entlang von „'flash mobilizations'" (ebd.: 184) bzw. von *smart mobs* zu organisieren. Im Folgenden wird herausgearbeitet, wie sich die Nutzung von Mobiltelefonen innerhalb sozialer Bewegungen konkret darstellt.

4.2.3 Mobiltelefonnutzung in sozialen Bewegungen

Ein vielzitiertes Beispiel einer sozialen Bewegung, in der das Mobiltelefon eine bedeutende Rolle einnahm, ist die *People Power II-Bewegung* auf den Philippinen im Januar 2001, die den Machthaber Estrada stürzte.[21] Mehr als eine Million Menschen mobilisierten und koordinierten Demonstrationen in der Hauptstadt Manila durch Wellen von SMS-Nachrichten[22] (vgl. Rheingold 2002: 157). Im Zuge einer anhaltenden Korruptionsaffäre des damaligen Präsidenten Estrada versammelten sich am 16. Januar 2001 nach einer Senatsentscheidung tausende Bürger, indem sie den Anwei-

---

[21] Die People Power II-Bewegung wurde als Nachfolge der People Power Revolution von 1986 konstruiert. Damals brachten friedvolle Demonstrationen der philippinischen Bevölkerung das damalige Regime Marcos zu Fall (vgl. Rheingold 2002: 157; Castells et al. 2004: 187). Auf den Philippinen ist das Mobiltelefon allgegenwärtig und genießt eine hohe Popularität. Dies ist zum einen auf die kostspielige Anschaffung von Festnetztelefonen zurückzuführen. Denn die Philippinen stehen, wie viele Entwicklungsländer, vor dem Paradox, zwar mit den neuesten Kommunikationstechnologien überflutet zu sein, aber über eine sehr schlechte (kommunikative) Infrastruktur zu verfügen. Das Handy liefert daher den Bürgern die gewünschte Konnektivität, die über Telefon und Postdienst nicht erreicht wird. Zum anderen ist die Anschaffung eines Mobiltelefons dort wesentlich kostengünstiger als die eines PCs. So besaß 2001 nur ein Prozent der Gesamtbevölkerung einen PC, wohingegen zumindest knapp 13 Prozent im Besitz eines Mobiltelefons waren (vgl. Rafael 2003: 402).

[22] Die Philippinen werden auch „the ‚texting capital of the world'" (West 2008: 73) genannt. Die Popularität von SMS ist dort auf den Umstand zurückzuführen, dass der SMS-Service kostenlos oder zu sehr geringen Kosten angeboten wird und wenig Brandbreite benötigt. Letzteres macht die Bereitstellung auch für die Netzanbieter profitabel, da so mehr Bandbreite für teurere Sprachservices zur Verfügung steht (vgl. Rafael 2003: 404).

sungen auf ihren Mobiltelefonen folgten (vgl. Castells et al.: 186f.). Mithilfe des Mobiltelefons wurde zudem gezielt Desinformationen verbreitet, um die Öffentlichkeit in die Irre zu führen und Polizei und Militär fehlzuleiten (vgl. ebd.: 191). Rafael (2003: 403) zufolge wurden die Handynutzer während der People Power II-Bewegung zu einer Sendestation für Nachrichten und Gerüchte. Jeder Nutzer wurde zu einem Knoten in einem größeren Kommunikationsnetzwerk, das der Staat nicht im Entferntesten überwachen, geschweige denn kontrollieren konnte.

Mobiltelefone wurden dabei von den Demonstranten selbst als Waffen angehender Fußsoldaten oder als Anzünder „which lit the fuse which set off the [...] People Power Revolution II" (Rafael 2003: 402) gesehen. Nach Rafael (ebd.: 408) war es dabei die Möglichkeit, Textnachrichten nahezu augenblicklich weiterzuleiten, die das Mobiltelefon zu einer Waffe transformierte. Er hebt auch hervor, dass das Mobiltelefon als ein Agent des Wandels idealisiert wurde, der zum einen mit der Fähigkeit ausgestattet war, neue Formen der Soziabilität auszubilden und zum anderen eine neue Form der Masse hervorbrachte, die sich selbst vollständig und bewusst als eine Bewegung begriff, die auf ein gemeinsames Ziel gerichtet war. Das bewusste Begreifen als eine Bewegung ist dabei darauf zurückführen, dass die Telekommunikation durch das Mobiltelefon es dem Einzelnen ermöglicht sich selbst als in Übereinstimmung mit dieser Bewegung handelnd wahrnehmen (vgl. ebd.: 403). Die zuvor angesprochene Unmittelbarkeit und Macht des Jetzt des Handys nimmt also eine signifikante Stellung für die Wahrnehmung des Einzelnen als Teil der Bewegung und damit für die Ausbildung einer kollektiven Identität der Bewegung ein.[23]

Castells et al. (2004: 193) benennen allerdings auch eine Schwäche des Mobiltelefons, die im Rahmen der People Power II-Bewegung sichtbar wurde: Aufgrund der Tatsache, dass es in erster Linie der Mittelklasse und den traditionellen Interessensgruppen diente und andere ausschloss, konnte es hinsichtlich seiner sozialen Reichweite nur einen begrenzten Einfluss ausüben. Auf diese Exklusionsgefahr weisen Tilly und Wood (2009: 103) auch allgemein für die Einführung neuer Kommunikationsmedien hin, indem sie betonen, dass jede neue Form der kommunikativen Verbindungsmöglichkeit sowohl eine Reihe neuer sozialer Relationen begünstigt als auch andere ausschließt. So werden zwar die

---

23 Castells et al. (2004: 192) weisen in Bezug auf die Bedeutung des Mobiltelefons während der People Power II-Bewegung allerdings auch darauf hin, dass Mobiltelefone in dieser Zeit gemeinsam mit hunderten von Anti-Estrada-Webseiten und Mailinglisten genutzt wurden. Deshalb sollte auch das Potential des Mobiltelefons nur innerhalb dieses größeren medialen Rahmens betrachtet werden (vgl. ebd.).

Koordinationskosten für die Aktivisten gesenkt, die bereits miteinander in Kontakt stehen; gleichzeitig werden aber diejenigen exkludiert, die keinen Zugang zu diesen neuen Kommunikationsmitteln und -kanälen haben, was letztlich zu einer Erhöhung der kommunikativen Ungleichheit führt (vgl. ebd.: 98). In diesem Kontext ist auch die zuvor festgestellte erhöhte Teilhabe an gesellschaftlicher Kommunikation in ärmeren Ländern des globalen Südens durch das Mobiltelefon zu relativieren.

Ein weiteres Beispiel einer sozialen Bewegung, innerhalb der es zum Einsatz von Handys kam, sind die Antiglobalisierungsproteste des *Battle of Seattle*. 1999 schlossen sich über 40.000 Demonstranten aus der ganzen Welt mithilfe drahtloser Kommunikation und sozialer Netzwerke gegen die WTO zusammen, um deren Treffen in Seattle zu stören. Das Netzwerk der Demonstranten gründete sich dabei medial auf Mobiltelefone, Radios, Polizeifunkscanner und tragbare Computer. Es bestand aus vielen verschiedenen Affinitätsgruppen, die auf Basis dieser Kommunikationsmittel ihre Aktionen autonom und lose innerhalb eines mobilen, Viele-an-Viele-Echtzeit-Kommunikationsnetzwerks koordinierten (vgl. Rheingold 2002: 160f.; Castells et al. 2004: 203).

2004 erlebten die USA dann erneut Protestaktionen einer sozialen Bewegung, in der Mobiltelefone breite Anwendung fanden. Im Zuge der *Republican National Convention-Proteste* kamen während des Kongresses der Republikanischen Partei in New York Anti-Bush- und Anti-Irakkrieg-Aktivisten in Demonstrationen von bis zu 500.000 Menschen zusammen, wobei vor allem SMS-Nachrichten zur Handlungskoordination sowie zur Versendung von Warnungen vor Polizeifestnahmen und von Meldungen zu spontanen Versammlungen eingesetzt wurden (vgl. Castells et al. 2004: 202ff.). Ebenso kam es zur Verbreitung von Liveberichten und Videoaufnahmen im Internet und Radio durch Mobiltelefone, die Szenen wiedergaben, die von der „'corporate media'" (ebd.: 203) nicht gesendet wurden. Hier zeigte sich somit die Fähigkeit des Mobiltelefons, neue Kommunikationskanäle jenseits der hegemonialen Medien zu schaffen, um eine Gegenöffentlichkeit herzustellen.

Die Proteste zeigten jedoch trotz ihrer großen Reichweite wenig Wirkung, da die Sicherheitskräfte drahtlose Kommunikation als ein Mittel des Protests in ihre Strategie bereits inkorporiert hatten. So wurde die Planung von Versammlungen infiltriert und Textnachrichten und andere Kommunikationskanäle der Aktivisten überwacht (vgl. ebd.: 204f.). Dies gibt Castells et al. (vgl. ebd.: 202) Anstoß dazu, von einem Katz-und-Maus-Spiel zwischen Sicherheitskräften und Demonstranten zu sprechen.[24] Somit ist mit Blick auf Tilly und Wood (2009: 97) festzuhalten, dass die neuen digitalen Medien die staatliche Kontrolle in Bezug auf soziale Bewegungen nicht grundsätzlich aushebeln. Denn tatsächlich passen sich Regierungsakteure schnell an die neuen Technologien an. Beispielsweise haben auch die iranische, chinesische und burmesische Regie-Regierung seit 2006 nicht nur das Internet- oder Mobilfunknetz geblockt, sondern teilweise bereits damit begonnen, diese Technologien selbst zu nutzen, um Protestaktionen der Bevölkerung entgegenzusteuern (vgl. ebd.).

Weitere Fälle von Mobiltelefonnutzung im Rahmen sozialer Bewegungen sind u. a. die *Orangene Revolution* in der Ukraine 2004 und die *Rebellion der Forajidos* 2005 in Ecuador, in denen vor allem die Jugend ausgestattet mit ihren Mobiltelefonen eine wichtige Rolle spielte (vgl. ebd.: 210), die *Safran-Revolution* in Burma 2007, als Bürger in ihren Protesten gegen staatliche polizeiliche und militärische Repressionen mit ihren Handyvideos und -fotos gewalttätige Übergriffe in Blogs veröffentlichten, die *Anti-Musharraf-Proteste* in Pakistan 2007 als Handynutzer einen Anti-Musharraf-Klingelton einführten und sich mittels SMS-Nachrichten organisierten (vgl. Tilly/Wood 2009: 97) sowie die *Proteste in Xiamen* 2007 als Bürger der chinesischen Stadt Xiamen mittels SMS und Blogs mit hochgeladenen Textnachrichten, Fotos und Videos gegen den Bau einer Chemiefabrik protestierten (vgl. ebd.: 95ff.).

Damit kann mit Castells et al. (2004: 212) festgehalten werden, dass der Zugang zu und die Nutzung von drahtlosen Kommunikationstechnologien wie dem Mobiltelefon dem Arsenal derjenigen ein elementares Werkzeug hinzufügt, die versuchen, Politik und politische Prozesse zu beeinflussen. Obgleich der demokratisierende und emanzipierende Effekt des Mobiltelefons mitunter kritisch zu sehen und seine Funktion stets innerhalb des jeweiligen Kontextes zu betrachten ist, nimmt mobile Kommunikation den dominanten Institutionen der Gesellschaft das Monopol über die Massenkommunikations-Netzwerke. Die zuvor herrschende top-down Massenkommunikation wird in eine horizontale umgewandelt, wodurch die Dialektik von Macht und Gegenmacht für immer verändert wird (vgl. ebd.: 211ff.). Dieses Spiel um Macht und Gegenmacht bildet sich auch innerhalb der Diskursstränge zum Mobiltelefon und zu sozialen Bewegungen ab, deren Verschränkung im Anschluss analysiert wird.

---

24 Einen weiteren Faktor, der den wenig erfolgreichen Ausgang der Proteste 2004 in den USA nach sich zog, sehen Castells et al. (2004: 205 u. 210) darin, dass die Aktionen bereits ein Jahr im Voraus zentral geplant wurden. Dadurch glichen diese keinem spontanen Aufstand, da ihnen das Element des interpersonalen Kommunikationsflusses basierend auf Freundschaftsnetzwerken fehlte.

4.3 Diskursverschränkungen und Kollektivsymboliken im Bereich Mobiltelefon und soziale Bewegungen

Eng mit dem Diskurs der Mobiltelefonie verbunden ist eine *Freiheits- und Emanzipationsthematik,* die sich um die Versprechen der uneingeschränkt räumlichen und zeitlichen Mobilität und Flexibilität sowie sozialen Unabhängigkeit und Emanzipation aufspannt. Entsprechend wird von der drahtlosen oder „‚schnurlosen Freiheit'" (Weber 2008: 250) und einer „Entfesselung der Kommunikation" (ebd.: 23) gesprochen. Das GSM-Handy wird dabei allgemein als „Freiheitstechnik" (ebd.: 328) konstruiert, wofür „der Vogel [als] Sinnbild für Freiheit, Unabhängigkeit und den alten Menschheitstraum des Fliegens" (ebd.) eingesetzt wird, der „sich mit Leichtigkeit und autonom durch den Raum [bewegt]" (ebd.). In Bezug auf soziale Bewegungen wird vor allem der Zugang zu neuen unabhängigen Kommunikationskanälen mittels des Mobiltelefons betont, der die Befreiung von der Abhängigkeit von den traditionellen Massenmedien sowie die Hinwendung zu einer horizontalen Massenkommunikation erlaubt, die mit dem Erreichen politischer Autonomie in Beziehung gesetzt wird.

Im gegenwärtigen Mobilitätsleitbild, das eng mit der Freiheits- und Emanzipationsthematik verknüpft ist, werden dabei nach Weber die „Mobilitätsikonen" (2008: 330) des 20. Jahrhunderts Eisenbahn und Automobil zu Beginn des 21. Jahrhunderts u. a. durch das Mobiltelefon abgelöst. Diese Entwicklung ist auf die anfängliche Symbiose mit dem Autotelefon zurückführen, durch die eine Übertragung des symbolischen Gehalts des Autos – Geschwindigkeit, Dynamik, Mobilität und Freiheit – (vgl. ebd.: 328) sowie der symbolischen Besetzung als „Mobilitätsmaschine" (ebd.: 269) auf das Mobiltelefon stattfand. Das Mobiltelefon ist somit selbst zu einer Kollektivsymbolik geworden, welche die Versprechen einer mobilen Kommunikation mit „drahtlose[n] Digitaltechniken" (Weber 2008: 9) verbildlicht. Mit dem Automobil wird zudem der kulturelle Wert der Individualität verknüpft (vgl. Burkart 2007: 19), der in der Kollektivsymbolik des Handys als „Individualisierungsmaschine" (Weber 2008: 22) und „Navigationsinstrument für ‚individualisierte Nomaden'" (Burkart 2007: 52) reproduziert wird. Mit dem mit der Eisenbahn verwandten Bild der Lokomotive wurde Ende des 20. Jahrhunderts ferner eine *Fortschrittsthematik* eingeführt, wenn es hieß, dass sich die „neu strukturierte Telekommunikationsbranche ‚zu einer Lokomotive der gesamten europäischen Wirtschaft'" (Weber 2008: 251) entwickelte.

Mit der ständigen Konnektivität, Erreich- und Lokalisierbarkeit durch das Handy und der damit einhergehenden Umkehrung von sozialer Unabhängigkeit in neue Formen der sozialen Abhängigkeit wird diese positiv besetzte Freiheits- und Emanzipationsthematik jedoch auch mit *Gegenbildern der Kontrolle und Überwachung* in Verbindung gebracht. Das

Mobiltelefon wird hier zu einer „‚elektronischen Fussfessel [!]'", einem „‚Schneckenhaus'", einer „(Gefängnis-)Zelle" (Buschauer 2010: 312) und einer reziproken „drahtlosen ‚Hundeleine'" (ebd.: 295) stilisiert und in einen Zusammenhang mit dem panoptischen Dispositiv gestellt. Dort erscheint die Mobiltelefonie als „panoptic web" (Rheingold 2002: xxi), das gleichermaßen eine Selbstüberwachung unter den Nutzern wie eine Fremdüberwachung durch übergeordnete staatliche oder andere institutionelle Akteure möglich macht. Im Kontext sozialer Bewegungen ist hier von einem Katz-und-Maus-Spiel zwischen mobil kommunizierenden Akteuren sozialer Bewegungen und staatlichen oder anderen dominierenden Akteuren die Rede.

Mit dieser Thematisierung von Kontrolle und Überwachung gehen häufig auch Fragen der Abhörsicherheit, des Datenschutzes, der Verschlüsselung und des Hackens einher (vgl. Goggin 2007: 133 u. 139), die eine *Sicherheitsthematik* in den Diskurs zur Mobiltelefonie einführen. In Hinblick auf die Lokalisierungsmöglichkeit und öffentliche Überwachungspraxis innerhalb der Terrorismusbekämpfung wird auch eine *Terrorthematik* aufgegriffen, die eine legitimierende Funktion in diesem Kontext einnimmt. Weiterhin wird in diesem Zusammenhang angeführt, dass mit der neugewonnenen Berichterstattungsmöglichkeit durch Mobiltelefone und andere digitale Medien eine Fragmentierung der öffentlichen Sphäre einhergeht, die diese zunehmend unkontrollierbar macht. An dieser Stelle wird somit das *Thema der Öffentlichkeit* angeschnitten, das im Kontext sozialer Bewegungen eine zentrale Stellung einnimmt. Die neuen, unabhängigen Kommunikationskanäle, die das Mobiltelefon sowie digitale Kommunikationsmedien allgemein bereitstellen, werden zu einem neuen Fenster zur Welt stilisiert, das die Herstellung einer Gegenöffentlichkeit erlaubt. Mit der neugewonnenen Viele-an-Viele-Kommunikation wird dabei eine horizontale und globale Dissemination von Wissen und Expertise gewährleistet, die einer geforderten Demokratisierung der Medien Rechnung trägt.

Damit ist ein weiterer wesentlicher Themenbereich angesprochen, der mit dem Mobiltelefon-Diskurs in Verbindung steht: *Partizipation und Demokratisierung*. Aufgegriffen werden hier Aspekte der Teilhabe an und des Zugangs zu gesellschaftlicher Kommunikation und Information. Z. B. wird das „Jedermann-Mobiltelefon" (Weber 2008: 251) angeführt oder das Handy als „persönliche mobile Datenzentrale" (Burkart 2007: 101) benannt. In diesem Rahmen wird auch der Gegenstand der informellen und dezentralen Organisations- und Koordinationsmöglichkeit verhandelt, die oftmals in einem direkten Bezug zu sozialen Bewegungen und zur politischen Mobilisierung steht. Hierbei dient das Mobiltelefon nicht nur als Werkzeug der zwischenmenschlichen Kommunikation, sondern ebenso der Ausbildung „‚mobile[r] Netze'" (ebd.). In diesem Zusammenhang wird das Handy als ein Agent des Wandels bestimmt, der die Erfahrung des Einzelnen als Teil der Bewegung ermöglicht.

In Bezug auf das Potential von Mobiltelefonen, sozialen Wandel zu induzieren und Ausdruck einer „‚mobilen Revolution'" (Weber 2008: 9) zu sein, wird hierbei auf eine *Medienrevolutionsthematik* verwiesen, die den Medien eine inhärente revolutionäre Kraft zuschreibt und im Kontext eines Technikdeterminismus[25] zu sehen ist. Mit dem Aufkommen neuer Medien wird ein fundamentaler Transformationseffekt für Gesellschaften verbunden, der für konservative Organisationen wie den Staat kaum zu kontrollieren ist (vgl. Acuff 2009: 222f.). Diese Thematik wird allerdings von dem *Gegenbild des Cyber-Utopismus* begleitet, das diese Sichtweise als eine bloße Sehnsucht des Westens nach einer Welt interpretiert, in der Informationstechnologien die Befreiung von Unterdrückung sind und dazu eingesetzt werden können, um Demokratie auf dem gesamten Globus zu verbreiten und autoritäre Regime zu stürzen (vgl. Morozov 2011: 5 u. 19). Dieser kritischen Position zufolge wird nicht nur übersehen, dass es nicht die Medien selbst sind, die sozialen Wandel oder Revolutionen initiieren, sondern auch, dass deren Nutzung ambivalente Folgen haben kann, die autoritäre Regime stärken und verfestigen können (vgl. ebd.: 14ff.; Acuff 2009: 222).

Eine weitere Gegenthematik ist mit der erhöhten Reichweite und Erleichterung der Kommunikation sozialer Bewegungen verbunden, wenn dieser die Gefahr des Ausschlusses von Bevölkerungsgruppen ohne entsprechenden Kommunikationszugang gegenübergestellt wird. Das Versprechen der Inklusion und Integration durch die drahtlose Kommunikation des Mobiltelefons wird so in eine *Gefahr der Ungleichheit und Diskriminierung* überführt.

Die von der mobilen Telekommunikation ausgehenden Effekte werden im Rahmen sozialer Bewegungen und politischer Mobilisierung auch mit dem Bild eines „social tsunami" (Rheingold 2002: xvii) belegt, der sich angesichts der zu vermeldenden „foreshocks" (ebd.) eines zukünftigen Aufruhrs anbahnt. Entsprechend dieser Symbolik ist hier nicht bloß eine positive Konnotierung der sozialen Effekte des Mobiltelefons im Sinne einer Ermächtigung marginalisierter Sozialgruppen zu verzeichnen, sondern ebenso eine negative, die auf einen Umsturz sozialer Machtverhältnisse hindeutet, der eine Bedrohung und Verwüstung bedeuten kann. In ähnlicher Weise wird auch von „waves of text messages" (ebd.: 157) gesprochen. Gleichermaßen ist die eingebrachte Kollektivsymbolik des *smart mobs* – der klugen oder intelligenten Menschenmasse –

---

[25] Dieser steht u. a. in der wissenschaftlichen Tradition der Kanadischen Schule und Marshall McLuhans (vgl. Mersch 2006: 90ff. u. 105ff.).

ambivalent besetzt, da sich *smart mob*-Taktiken auch innerhalb terroristischer Aktivitäten identifizieren lassen. Auffällig sind in dieser Hinsicht ebenso Symbolisierungen des Handys als Waffe, als Werkzeug im Arsenal sozialer Bewegungen und als Anzünder von Protest- und Revolutionsbewegungen, die zwar in Hinblick des Empowerments marginalisierter Gesellschaftsgruppen eine positive Deutung erfahren, aber zugleich einen militärischen und kriegerischen Unterton haben und eine *Konfliktthematik* in die Diskursverschränkung einbringen.

Im Zusammenhang mit der Partizipations- und Demokratisierungsthematik findet sich ebenfalls das Problemfeld des Zivil- oder Bürgerjournalismus, in dessen Kontext das Mobiltelefon als „broadcaster" (Rafael 2003: 403) und als lebende Augen und Ohren verbildlicht wird. Die Diskurse der Mobiltelefonie und sozialen Bewegungen werden hierbei zum einen über die Öffentlichkeitsthematik sowie über die Freiheits- und Emanzipationsthematik miteinander verschränkt, wenn die Ausweitung des „freien Informations- und Meinungsaustausch[es]" (Döring/Gundolf 2006: 247) aufgegriffen wird. Zum anderen wird mit der Kollektivsymbolik einer aufkommenden „Sturzflut" (ebd.) an Bildern und Berichten aber an die *Gegenthematik der Entprofessionalisierung* angeknüpft, die sich um die qualitativen Gefahren für die Berichterstattung und das Risiko des Bedeutungsverlustes des professionellen Journalismus und der traditionellen Nachrichtenmedien aufspannt.

In diesem Bezug wird die interdependente Beziehung von Wissen und Macht im Diskurs deutlich, wenn innerhalb der Diskursverschränkung Mobiltelefon/soziale Bewegungen die Schaffung neuer Wissenswege und Möglichkeiten der für soziale Bewegungen essentiellen Dissemination von Wissen und Expertise sowie des damit zusammenhängenden Empowerments betont wird. Angesichts der steten Thematisierung der Zugangs-, Einfluss- und Kontrollmöglichkeiten von Kommunikation und Information wird dabei erkennbar, dass Wissen und Macht stets unterliegende Thematiken dieser Diskursverschränkung sind, innerhalb derer es um eine drohende oder potentielle Neuordnung der traditionellen oder bislang vorherrschenden sozialen Wissens- und Machtordnung durch die Einführung des Mobiltelefons bzw. neuer Medien geht. Dies wird besonders deutlich, wenn sich oppositionelle Thematiken in der Aushandlung von Macht und Gegenmacht konfliktär gegenüberstehen. So wird z. B. der möglichen Machtneuordnung im Zuge der durch den Fortschritt der Technik erreichten Befreiung und Emanzipation von restriktiven sozialen, kommunikativen und physischen Begebenheiten eine Verfestigung der gegebenen Machtordnung durch neue Überwachungs- und Kontrollmöglichkeiten gegenüberstellt, die die Verheißung der Neuordnung der Machtrelation zu einer Bedrohung werden lassen und in eine Verkennung umdeuten.

Zuletzt ist bezüglich der eingesetzten Kollektivsymboliken festzuhalten, dass sich diese in vier Symbolfelder einordnen lassen, in denen sich das Spiel von Macht und Gegenmacht ebenfalls abzeichnet: den Technik-, Natur-, Sozial- und Militär-/Kriegsbereich (vgl. Tabelle 1). Den größten Anteil machen die Techniksymbole aus, die bis auf eines (elektronische Fußfessel) alle positiv besetzt sind. Dies deutet auf einen vorherrschenden Technikoptimismus unter dem Vorzeichen der Freiheit, Emanzipation, Mobilität und des Fortschritts durch (neue) Technologie(n) hin, der in enger Relation zu der zuvor benannten Medienrevolutionsthematik steht. Die elektronische Fußfessel überführt eben diese Aspekte in ihr Negativ und verweist damit auf einen Technikpessimismus bzw. das Gegenbild des Cyber-Utopismus. Im Symbolfeld der Natur sind im Gegensatz dazu überwiegend negativ konnotierte Analogien vertreten, die Verbindungen zur gefährlichen und unbändigen Naturgewalt (Sturzflut, Tsunami, Erdbeben, Wellen) herstellen. Auch finden sich Verweise auf Freiheitsbeschränkungen (panoptisches Netz, Schneckenhaus, Katz-und-Maus-Spiel), denen nur wenige positive Symbole gegenüberstehen (mobile Netze, lebende Augen und Ohren). Im Feld sozialer Symboliken sind wie im Technikbereich vorwiegend positive Besetzungen zu finden, die v. a. Freiheit, Emanzipation, Partizipation und Mobilität betonen. Die vorzufindenden Negativsymbole der Gefängniszelle und drahtlosen Hundeleine greifen wiederum eine Beschneidung eben dieser Aspekte auf. Im letzten Feld der Militär-/Kriegssymboliken finden sich rein ambivalent besetzte Bilder, die zugleich einen ermächtigenden und gewalttätigen Charakter haben und ein konfliktäres Moment betonen.

Tabelle 1: Übersicht der Kollektivsymboliken im Bereich Mobiltelefon/soziale Bewegungen

Technik		Natur		Sozialbereich		Militär/Krieg	
positiv	negativ	positiv	negativ	Positiv	negativ	positiv	negativ
Automobil	elekt. Fußfessel	Vogel	Sturzflut	mobile Revolution	Gefängniszelle	Waffe	
Eisenbahn		lebende Augen u. Ohren	social tsunami	Jedermann-Mobiltelefon	drahtlose Hundeleine	Anzünder	
Lokomotive			Schneckenhaus	Entfesselung		Werkzeug im Arsenal	
Mobiltelefon			panoptic web	Fenster zur Welt			
draht-/schnurlose Freiheit			foreshock	Agent des Wandels			
Mobilitätsmaschine			waves of text messages	smart mob			
Individualisierungsmaschine			Katz-und-Maus-Spiel				
Navigationsinstrument							
Kommunikationskanäle							
broadcaster							
drahtlose Digitaltechnik							
Freiheitstechnik							
persönl. mobile Datenzentrale							
mobile Netze							
+14	+/-0 -1	+2	+/-0 -7	+6	+/-1 -2	+0	+/-3 -0

4.4 Zusammenfassung: Versprechen und Gefahren der Handynutzung

Zusammenfassend lassen sich die identifizierten Thematiken in der Diskursverschränkung Mobiltelefon/soziale Bewegungen in zwei Kategorien einordnen: Zum einen werden die Versprechen des Mobiltelefons bzw. seiner Nutzung verhandelt, die allgemein eine legitimierende Wirkung haben. Hierunter sind *Freiheit und Emanzipation, Fortschritt, Partizipation und Demokratisierung, Öffentlichkeit* und *Medienrevolution* zu nennen. Zum anderen bilden sich um das Mobiltelefon Risiken und Gefahren ab, die praktisch als negative Legitimation funktionieren. In diesem Zusammenhang konnten *Überwachung und Kontrolle, Ungleichheit und Diskriminierung, Sicherheit, Entprofessionalisierung, Terror, Konflikt* und *Cyber-Utopismus* ausgemacht werden. In dieser Gegenüberstellung von Versprechen und Gefahren wird damit ein ambivalenter Status des Mobiltelefons und der Mobiltelefonie impliziert. Diese Ambivalenz findet sich auch in der Kollektivsymbolik wieder, die die Diskurse begleitet und miteinander verschränkt. Wissen und Macht sind dabei als übergreifende

Themenfelder an der Schnittstelle zwischen einer legitimierenden Verheißung und de-legitimierenden Bedrohung und Verkennung anzusiedeln.

5 DER IRAN, DIE GRÜNE BEWEGUNG UND DIE MEDIENNUTZUNG

Um die Dynamik der Grünen Bewegung sowie ihre westliche Rezeption und Diskurseinbettung nachvollziehen zu können, ist es notwendig, den Blick in die Vergangenheit sozialer Bewegungen im Iran und der westlich-iranischen Beziehung zu werfen. Nachfolgend wird daher zunächst die Historie sozialer Bewegungen im Iran umrissen, die mit dem Tabakboykott von 1891 – der „erste[n] moderne[n] Protestbewegung im Iran" (Jafari 2010: 39) – beginnt, sowie ein Überblick zur westlich-iranischen Beziehung gegeben. Anschließend widmet sich das Kapitel den zentralen Charakteristika der Grünen Bewegung. Danach folgt eine Zusammenfassung der wesentlichen Aspekte des politischen und medieninstitutionellen Hintergrunds mit besonderem Fokus auf die Handynutzung im Iran, woran eine Darstellung des Medieneinsatzes in Irans Grüner Bewegung anschließt.

5.1 Politischer und historischer Hintergrund der sozialen Bewegungen im Iran und der westlich-iranischen Beziehung

Im 19. Jahrhundert war die Weltpolitik vor allem durch den Kolonialismus der europäischen Großmächte bestimmt (vgl. Gronke 2009: 85). Auch wenn der Iran[26] selbst nicht kolonialisiert wurde, konnte sich dieser unter der Qadscharen-Dynastie (1779–1925) nicht der wirtschaftlichen Durchdringung Europas entziehen (vgl. Keddie 1988: 299; Jafari 2010: 38). Großbritannien und Russland übten zu dieser Zeit großen Einfluss auf den Iran aus und zwangen ihn in eine wirtschaftliche und politische Ab-

---

26 Bis 1934 galt für den Iran die europäische Bezeichnung *Persien*. Erst im Zuge eines Nationalisierungsstrebens während der Pahlavi-Dynastie wurde *Iran* zum offiziellen Staatsnamen erklärt (vgl. ebd.: 101). Um die Nachvollziehbarkeit zu gewährleisten, wird im Folgenden durchgängig die Bezeichnung *Iran* verwendet.

hängigkeit. Der Iran wurde dabei in die kapitalistische Weltwirtschaft eingebunden, die seine wirtschaftliche und politische Entwicklung massiv beeinflusste (vgl. Jafari ebd.).[27] Der Import von Waren aus Europa führte die traditionelle Wirtschaft in den Ruin und nahm dem handwerklichen Stand die Erwerbsgrundlage. Auch Händler hatten es immer schwerer, sich gegen die den Handel dominierenden Briten und Russen zu behaupten und die Bauern wurden zunehmend für die Produktion für den internationalen Markt ausgebeutet (vgl. ebd.: 38f.). Eine weitere Verschlechterung für die Bevölkerung brachten der Verkauf staatlichen Ackerlandes an wohlhabende Händler und Grundbesitzer sowie eine fortschreitende Konzessionierung an die Europäer und eine Steuererhöhung angesichts von Zahlungsschwierigkeiten und eines drohenden Bankrotts des iranischen Staates (vgl. ebd.: 39; Gronke 2009: 91).

Durch diese Entwicklung entstand ein Unmut in der iranischen Bevölkerung gegenüber den Europäern und regierenden Qadscharen, der noch zusätzlich durch eine bevorzugende Behandlung europäischer Händler und eine Geldverschwendung der Qadscharen für Luxus und Europareisen vorangetrieben wurde (vgl. Keddie 1988: 301; Jafari 2010: 39). Die Situation eskalierte als 1890 eine Konzession für den gesamten im Iran produzierten Tabak für eine Dauer von 50 Jahren an die britische Imperial Tobacco Corporation of Persia vergeben wurde. Dies löste eine bevölkerungsweite Protestbewegung aus, die 1891 im Tabakboykott gipfelte (vgl. Gronke 2009: 92). Substantielle Elemente dieser sozialen Bewegung waren die Forderung nach nationaler Unabhängigkeit und sozialer Gerechtigkeit sowie eine anti-imperialistische und gegen ausländische Einflüsse gerichtete Gefühlslage (vgl. Jafari 2010: 43; Keddie 1988: 302). Zu dieser Zeit gewannen auch anti-westliche Einstellungen eine größer werdende Bedeutung im Iran (vgl. Jafari 2010: 40).[28]

Nach der Tabakrebellion wuchs die politische Macht der Briten und Russen im Iran weiter (vgl. ebd.: 303). Auch die Qadscharen änderten ihren Kurs nicht: Sie vergaben das Monopol zum Öl-Abbau an einen britischen Unternehmer, finanzierten kostspielige Europareisen mit Krediten und erteilten weiterhin Konzessionen an Großbritannien und Russland, was Händler, Handwerker und Kaufleute tiefer in die Misere führte (vgl. Jafari 2010: 46). Anfang des 20. Jahrhunderts formierte sich dann eine

---

27 Der Iran wurde vor allem zum Absatzmarkt für Textilien, Eisenwaren, Glas, Zucker und Tee und zum Produzenten für Baumwolle, Seide, Reis, Tabak und Teppich (vgl. ebd.).

28 In den vorangegangenen Jahrhunderten hatte sich bereits ein Misstrauen des iranischen Volkes gegenüber allen Fremdeinflüssen ausgebildet, das zunächst allerdings den Mongolen, Osmanen und Russen galt (vgl. Hoffmann 2009: 65).

weit größere Protestbewegung, die nicht nur das Sentiment der vorangegangenen Bewegung aufgriff, sondern das Ende der autoritären Monarchie der Qadscharen forderte (vgl. ebd.: 44). Vor dem Hintergrund einer innerwirtschaftlichen Krise kam es so Ende 1905 zur Rebellion des iranischen Volkes gegen die Qadscharen-Monarchie, die in die Konstitutionellen Revolution (1905–1911) und die Verfassungsbewegung mündete (vgl. ebd.: 47; Gronke 2009: 95).

Mit Eintritt in die *Konstitutionelle Revolution* war der erste Anstoß für eine Demokratisierung des Irans gegeben (vgl. Jafari 2010: 13). Es kam zur Einführung eines Parlaments im Oktober 1906, das ein an der belgischen Verfassung orientiertes Grundgesetz verabschiedete. Dieses unterwarf den Schah (König) der Souveränität des Volkes und führte die Gleichheit vor dem Gesetz sowie individuelle Rechte und Freiheiten (z. B. Pressefreiheit) ein. Mit diesen neuen Freiheiten wurden Zeitungen, Zeitschriften und Organisationen landesweit gegründet, eine emanzipatorische Frauenbewegung[29] kam auf und die erste freie Gewerkschaft entstand, die den Anfang der Arbeiterbewegung im Iran markiert (vgl. ebd: 48ff.; Gronke 2009: 96; Harris 2011).

1907 kam es infolge eines Konflikts zwischen Parlament und Schah bezüglich eines Verfassungsdokuments, das die Macht des Parlaments gegenüber dem Schah stärken sollte, zu erneuten Massenprotesten (vgl. Jafari 2010: 51). Im selben Jahr schalteten sich Großbritannien und Russland in den Prozess ein und behinderten die Konstitutionelle Revolution (im Fall der Briten vor allem, um ihr Öl-Monopol zu sichern) (vgl. ebd.: 51ff.). Nachdem der Schah im Juni 1908 mehrere Revolutionsführer verhaften ließ, das Parlament unter Beschuss setzte und die Pressefreiheit wieder aufhob, begann ein etwa einjähriger Bürgerkrieg (vgl. ebd.: 53; Gronke 2009: 97). Die anhaltenden Unruhen zwangen den Schah schließlich 1909 zum Rücktritt. Unter der neuen Regierung kam es 1911 zu einer russischen Invasion, als Maßnahmen zur Sanierung des Staatshaushaltes ergriffen wurden, die Russland widerstrebten. Erst als Russland und Großbritannien dafür gesorgt hatten, dass ein mit ihren Interessen konformes Parlament gebildet wurde, endeten die Konstitutionelle Revolution und der Kampf um die Verfassung (vgl. Gronke ebd.).

---

[29] Bereits im Zuge der Tabakrebellion beteiligten sich Frauen an politischen Aktivitäten, aber erst während der Konstitutionellen Revolution kann vom Aufkommen einer Frauenbewegung im Iran gesprochen werden, innerhalb derer Frauen einen organisierten Versuch unternahmen, ihre sozialen Lebensumstände zu verändern (vgl. Mahdi 2004: 427). Mit der Konstitutionellen Revolution erwarben die iranischen Frauen das Selbstvertrauen für ihre Rechte zu kämpfen und die gegebenen sozialen Tabus in Frage zu stellen (vgl. Jafari 2010: 50).

Die Konstitutionelle Revolution hatte dabei in zweierlei Hinsicht eine Vorreiterfunktion für alle weiteren sozialen Bewegungen im Iran. Zum einen bestehen die mit der Konstitutionellen Revolution verbundenen Ideale der „Unabhängigkeit von Fremdherrschaft, Freiheit von inländischer Tyrannei, soziale[n] Gerechtigkeit und wirtschaftliche[n] Entwicklung" (Jafari 2010: 46) fort. Zum anderen wurde der Bevölkerung mit diesem ersten Versuch, eine demokratische Politik im Iran zu etablieren, demonstriert, dass Großmächte die Welt beherrschten, die aus Eigennutz gewillt waren, demokratische Ambitionen mit Hilfe der herrschenden Klasse beim ersten Aufflammen zu ersticken (vgl. ebd.).

Nach dem Ersten Weltkrieg hielt mit der Krönung von Reza Chan 1925 und dem Beginn der Pahlavi-Dynastie (1925–1979) eine Zeit der Repressionen Einzug im Iran (vgl. Jafari 2010: 13 u. 57). Das Pahlavi-Regime begegnete unabhängigen und non-konformen Organisationen mit keinerlei Toleranz, was sich besonders auf die Frauenbewegung negativ auswirkte (vgl. Mahdi 2004: 429). Charakteristisch für die Pahlavi-Ära waren allgemein eine autokratische Regierungsweise, ein umfassendes Modernisierungsstreben und eine erzwungene Verwestlichung des Irans, die im Gegenzug eine Verdrängung des Islams[30] aus dem öffentlichen Leben zur Folge hatte (vgl. Hoffmann 2009: 96f.).

Während der Pahlavi-Ära entfernten sich die politische und religiöse Macht im Iran immer weiter voneinander: Im Ansinnen einen europäisch-orientierten Nationalstaat zu schaffen, wurden durch die Regierung die Privilegien und Kompetenzen der Mullahs (schiitische Gelehrte) durch eine Säkularisierung des Rechtssystems eingeschränkt (vgl. ebd.: 22 u. 97). Daneben wurde im Streben, einen modernen Nationalstaat mit einer einheitlichen Bevölkerung, Kultur und Sprache zu schaffen, eine mitunter gewaltsame Iranisierung[31] vollzogen. Der Pahlavi-Regierung ge-

---

30 Im Iran herrscht der schiitische Islam der Zwölferschia vor, dessen Abgrenzung und Konflikt zum sunnitischen Islam auf die unklaren Nachfolgeverhältnisse des Propheten Mohammed nach seinem Tod im Jahr 632 zurückgehen. Das Bekenntnis der Zwölferschia erkennt nur die zwölf Nachkommen des Cousin und Schwiegersohn Mohammeds – Ali – als rechtmäßige Führer der islamischen Gemeinschaft an, die auch Imame genannt werden. In der Vergangenheit gab es bisher elf Imame. Der letzte Imam starb im 9. Jahrhundert kinderlos. Eine kleine Fraktion glaubte aber an die Existenz eines verborgenen Sohnes des elften Imams, dem die rechtmäßige Führung obliegt. Seither wartet die islamische Gemeinde auf die Rückkehr des zwölften Imam, der Mohammeds Auftrag vollenden wird (vgl. Gronke 2009: 19 u. 22f.).

31 Beispielsweise wurde die Sesshaftwerdung der Nomadenstämme mit Gewalt erzwungen, was für diese einer wirtschaftlichen Katastrophe gleichkam (vgl. Gronke 2009: 100).

lang es so bis zum Zweiten Weltkrieg zwar die wirtschaftliche Entwicklung voranzutreiben, die Ideale der Freiheit und sozialen Gerechtigkeit blieben aber auf der Strecke (vgl. Jafari 2010: 57f. u. 61; Gronke 2009: 100).

Im Zuge des Zweiten Weltkriegs zwangen die Alliierten Reza Chan zum Abdanken. Nachfolger wurde sein Sohn Mohammed Reza. Unter ihm kam es zur Konsolidierung einer demokratisch-nationalistisch ausgerichteten Opposition mit dem Rechtsanwalt Mossadegh an der Spitze, die sich u. a. für freie und faire Wahlen, Pressefreiheit und einen Abbau ausländischer Einflüsse und inländischer Autokratie einsetzte. 1951 wurde Mossadegh in den ersten freien Wahlen Irans zum Premierminister gewählt (vgl. Jafari 2010: 62; Hoffmann 2009: 104f.; Kinzer 2010: 27).[32] Mossadegh verstaatlichte das iranische Erdöl, was in der Bevölkerung mit Begeisterung und von der restlichen Welt mit Entsetzen aufgenommen wurde (vgl. Hoffmann 2009: 103).[33] In den folgenden zwei Jahren kam es im Iran zu einem britischen Öl-Boykott und Unruhen in der Bevölkerung sowie zu einer weitgehenden Entmachtung des Schahs durch Mossadegh (vgl. ebd.: 104). Ab dem Zweiten Weltkrieg hatten sich dabei die Machtverhältnisse in der Weltpolitik geändert: Die USA und die Sowjetunion bildeten nun die großen Gegenspieler und etablierten einen westlichen und östlichen Wirkungsbereich. Die USA nahmen den Platz Großbritanniens ein und bauten in den Folgejahren ihr Bündnis zum Iran aus (vgl. Jafari 2010: 58).

Vor diesem Hintergrund wurde Mossadegh 1953 mit Hilfe der USA in einem Staatsstreich gestürzt, um den nach ihren Öl-Interessen lenkbaren Mohammed Reza Schah wieder in seine Machtposition zurückbringen (vgl. Hoffmann 2009: 105). Dieser setzte in den Folgejahren eine repressive Diktatur durch, in der es zur Verhaftung und Folterung von kritisch eingestellten Journalisten, Intellektuellen und Oppositionsanhängern kam (vgl. Jafari 2010: 68). Die USA wiederum festigten in dieser Zeit ihre Beziehung zum Iran und stellten ihm umfassende Finanz- und Militärhilfen[34] bereit (vgl. ebd.; Hoffmann 2009: 105). In dieser Zeit kam

---

32 Eine treibende Kraft für die Durchsetzung Mossadeghs war die Arbeiterbewegung, in deren Rahmen es 1951 zu einem entscheidenden Streik in der Öl-Branche kam (vgl. Povey 2004: 669).

33 Die Öl-Problematik war in den 1940ern zum Thema Nr. 1 geworden als es darum ging, das iranisch-britische Abkommen zu revidieren (vgl. Jafari 2010: 63). Damals entstand die Öl-Nationalisierungs-Bewegung, der ein anti-imperialistisches Sentiment zugrunde lag (vgl. Keddie 1988: 304).

34 Zu dieser finanziellen Unterstützung zählten auch 45 Millionen USD Entwicklungshilfe. Die USA sicherten dem Schah zudem weitere Finanzmittel zu, „falls sich in Sachen Öl alles ‚zum Guten' wenden sollte" (ebd.: 106). Der Iran war dabei nicht nur wegen seiner Öl-Vorkommen für die USA von großer Bedeutung,

vor dem Hintergrund der Re-Etablierung des autokratischen Schah-Regimes durch die USA ein „generelles Misstrauen gegenüber dem Westen [auf], das bis heute anhält" (ebd.: 108).

Während die säkularen Richtungen des Nationalismus und Kommunismus bis Ende der 1950er Jahre die beiden bestimmenden gesellschaftlichen Gegenkräfte zur Pahlavi-Regierung gewesen waren, begannen die Islamisten mit ihrem charismatischen Führer Ayatollah[35] Chomeini in den 1960ern die Position der Opposition einzunehmen (vgl. Jafari 2010: 58). Anfang der 1960er Jahre kam es zu einer ökonomischen und wirtschaftlichen Krise während derer Proteste ausbrachen, in denen die Islamisten die Protagonisten waren. 1963 schaltete der Schah die Opposition und die Protestbewegung gewaltsam aus (vgl. ebd.: 68; Gronke 2009: 103), was letztlich dazu führte, dass Chomeini 1964 ins Exil ging. Nach den Protesten setzte dann zwar eine Ruhephase ein, aber die demokratischen Strukturen im Iran sowie das Image der Demokratie waren zunichte, weil die USA das repressive Regime des Schahs aus offensichtlich machtpolitischen Interessen unterstützt hatten (vgl. Gronke ebd.).

Ende der 1960er Jahre verstärkte sich das Wirtschaftswachstum des Irans, was allerdings die Lebensverhältnisse nur für einen kleinen Teil der Bevölkerung tatsächlich verbesserte und so nicht zu einem Abbau der sozialen Ungleichheit, sondern zu einer Verstärkung dieser führte (vgl. ebd.; Jafari 73). Die anhaltende Verwestlichung der iranischen Bevölkerung unter Mohammed Reza verstimmte zudem viele streng gläubige Iraner. Zugleich wandten sich auch westlich ausgerichtete Iraner angesichts der anhaltenden Repressionen von der Politik des Schahs ab, weil für sie Fortschritt und demokratische Freiheit zusammengehörten (vgl. Gronke 2009: 104; Jafari 2010: 75). Vor diesem Hintergrund litt nicht nur die politische Legitimität der Regierung, sondern es kam auch zu einer Neuformierung der islamischen Opposition, die aufgrund der fehlenden politischen Mitbestimmung und freien Meinungsäußerung die einzige Möglichkeit zur Artikulation des Widerstands bildete (vgl. Gronke ebd.). Mit dem Erstarken der islamischen Opposition kam es zu einer klerikalen Revolte und schließlich 1979 zur Islamischen Revolution (vgl. ebd.).

Bereits von 1977 an erschütterten dabei große Protestaktionen den Iran, die sich in Straßenschlachten, Sabotageakten und Streiks unter den

---

sondern auch als militärisch-strategischer „Stützpunkt im Kampf gegen den Sowjet-Kommunismus" (vgl. ebd.: 108). Daneben leisteten die USA Hilfe zum Aufbau des Geheimdienstes SAVAK, der mit der inneren Kontrolle und Überwachung betraut wurde und die Beseitigung der in den letzten Jahren geschaffenen demokratischen Strukturen im Iran vorantrieb (vgl. ebd.).

35 Bezeichnung für einen hohen Gelehrten-Rang des schiitischen Islams (vgl. Jafari 2010: 207).

Arbeitern im Industriesektor manifestierten (vgl. Jafari 2010: 84). Neben der Arbeiterbewegung entwickelte sich die Frauenbewegung zu einer der Hauptkräfte des revolutionären Wandels (vgl. Povey 2004: 669; Mahdi 2004: 433). Nachdem der Schah im Januar 1978 veranlasste, dass Chomeini in einer regimenahen Zeitung verunglimpft wurde, traten auch die islamischen Religionsgelehrten in die Proteste ein (vgl. Jafari ebd.).[36] Die darauffolgenden Demonstrationen im 40-Tage-Intervall[37] hatten einen religiösen Charakter und gaben dem islamischen Klerus die Möglichkeit eine führende Position in der Protestbewegung einzunehmen (vgl. ebd.). Chomeinis Anhänger richteten ihren Kampf dabei gegen den Schah und den Westen als Antagonisten des Islams (vgl. Hoffmann 2009: 121).

Die Proteste zeichneten sich allgemein dadurch aus, dass von Seiten der Teilnehmer kaum Gewalt angewendet wurde, während die Regierung die Demonstrationen mit Brutalität niederschlagen ließ und der Westen Desinteresse zeigte (vgl. Jafari 2010: 85). Im Herbst 1978 folgten auf das harte und opferreiche Durchgreifen des Regimes breite Streiks in der Ölbranche, die den Schah zusehends unter Druck setzten, bis die Protestaktionen Ende 1978 ihren Höhepunkt erreichten und der Schah Anfang 1979 aus dem Land floh (vgl. ebd.: 86f.). Nach dem Sturz des Pahlavi-Regimes eignete sich die schiitische Geistlichkeit die politische Macht im Iran an (vgl. Hoffmann ebd.). Zwei Wochen später kehrte Chomeini in den Iran zurück, löste die vom Schah eingesetzte Übergangsregierung auf und setzte eine Revolutionsregierung ein, womit die Revolution beendet wurde (vgl. Gronke 2009: 109; Jafari 2010: 87).

---

36 Die islamische Opposition gründete sich dabei auf ein gut ausgebildetes Graswurzel-Informationsnetz der Moscheen und des Basars, innerhalb dessen sie sich mit Hilfe von Telefonen, Kassettenbändern mit Reden Chomeinis und Flugblättern organisieren und mobilisieren konnte (vgl. ebd.: 85; Foucault 2005 [1978]: 219; Sreberny-Mohammadi 1990: 357; Gronke 2009: 108). Chomeini selbst operierte in dieser Zeit zunächst aus dem irakischen, später aus dem französischen Exil. Vorträge von ihm wurden im Iran in dem Werk *Welayat-e Faqih* (Die Vormundschaft der Rechtsgelehrten) verbreitet (vgl. Jafari 2010: 81). Er selbst sprach jedoch kaum vom Prinzip der „Herrschaft des höchsten Geistlichen" (ebd.: 82). Stattdessen rief er zur Unabhängigkeit und Emanzipation des Irans vom westlichen Einfluss auf (vgl. ebd.; Hoffmann 2009: 122).

37 Nach einer schiitischen Tradition wird am 40. Tag nach dem Tod eine Trauerfeier begangen. Chomeini und andere islamische Gelehrte riefen infolge der im Januar 1978 während der Auseinandersetzungen mit Sicherheitskräften in Qom gefallenen Protestanhänger zu dieser Trauertradition auf. Bei der Gedenkfeier gab es erneut Tote, so dass sich ein 40-Tage-Zyklus von Protesten etablierte, der bis Juni 1978 anhielt (vgl. Jafari 2010: 84; Kurzman 2010: 13).

Damit brach eine Zeit der Freiheit von Repressionen an: Zuvor zensierte Bücher und Zeitungen wurden verbreitet, neue Foren des politischen Austausches entstanden, Frauen und ethnische Minderheiten organisierten sich und forderten Gleichberechtigung und eine unabhängige Gewerkschaft wurde gegründet (vgl. Jafari 2010: 87). Chomeini verfolgte aber nicht den Plan eine liberale Demokratie im Iran zu installieren, sondern einen autoritären, islamischen Staat zu errichten (vgl. ebd.: 89; Gronke 2009: 128). So begann schon kurz darauf „eine Phase der Konterrevolution gegen die demokratischen Bewegungen und Organisationen, die sich an der Basis der Gesellschaft gebildet hatten" (Jafari 2010: 90). Ende März 1979 wurde dann eine Volksbefragung zur Einrichtung einer Islamischen Republik abgehalten, der 97 Prozent zustimmten, da die Alternative eine Fortsetzung der Monarchie war (vgl. ebd.; Gronke 2009: 109). Bereits am 1. April 1979 wurde der Iran offiziell als Islamische Republik und Chomeini als Oberster Führer bekanntgegeben (vgl. ebd.: 109f.). Damit folgte auf den „‚Frühling der Freiheit' [...] ein langer Winter" (ebd.: 95), der geprägt war vom Irak-Iran-Krieg (1980–1988) und einem wirtschaftlichen Niedergang des Irans in den 1980er Jahren sowie zunehmenden Freiheitsbeschneidungen und Repressionen und einer Machtkonsolidierung der Islamischen Republik (vgl. ebd.: 95ff.).[38]

Nach der Islamischen Revolution verschlechterte sich die Beziehung zwischen dem Iran und dem Westen zusehends. Vor allem die US-iranische Beziehung entwickelte sich nach dem Geiseldrama in der amerikanischen Botschaft in Teheran 1979/1980 zu einer Feindschaft (vgl. ebd.: 92f.; Khan 2009: 1). Während des Iran-Irak-Kriegs unterstützten die USA dann den Irak mit Waffen, Satellitenbildern und einer Desinformationskampagne (vgl. Jafari 2010: 101 u. 104).

---

[38] Seither baut das politische System der Islamischen Republik Iran auf zwei rivalisierenden Säulen von gewählten und nicht-gewählten Institutionen auf, an deren erster Stelle einerseits der durch das Volk gewählte Präsident und andererseits der durch die islamischen Geistlichen (Mullahs) berufene Oberste Führer steht. Die Position des Obersten Führers basiert auf Chomeinis Konzept der Herrschaft des höchsten Rechtsgelehrten und etabliert im Iran die einzige Theokratie weltweit (vgl. Nordbjaerg Christensen 2010: 19; Jafari 2010: 131f.; Sreberny/Khiabany 2010: 4). Der Oberste Führer ist die erste religiöse und weltliche Instanz und die mächtigste Person im iranischen Staat. Nach ihm richtet sich die generelle politische Richtung der Islamischen Republik und er ist der Befehlshaber der Streitkräfte. Zudem bestimmt er den Obersten Richter und verfügt über die staatliche Rundfunk- und Fernsehanstalt (vgl. Jafari 2010: 111 u. 131). Die zweitmächtigste Person ist der Präsident. Er kann Minister benennen und absetzen. Sein Einflussbereich erstreckt sich vor allem auf die Wirtschaftspolitik des Landes; seine Macht wird jedoch stark durch den Obersten Führer eingeschränkt, der seiner Politik zustimmen muss (vgl. Nordbjaerg Christensen 2010: 20).

Nach dem Tod von Chomeini 1989 wurde Chamenei (1989–heute) zum Obersten Führer und Rafsandschani (1989–1997) zum Staatspräsidenten gewählt (vgl. ebd.: 111 u. 203; Hoffmann 2009: 113). Unter Rafsandschani, der eine offenere Außenpolitik anstrebte, kam es zu einem kurzweiligen „Tauwetter" (Jafari 2010: 113) in der westlich-iranischen Beziehung, das aber bereits 1991 mit dem Krieg der USA gegen den Irak umschlug. Mit dem Ende des Schah-Regimes und dem darauffolgenden unabhängigen politischen Kurs des Irans hatten die USA einen wichtigen Bündnispartner im Mittleren Osten verloren, um ihre Öl-Interessen durchsetzen zu können, und versuchten nun mit allen Mitteln ihre Dominanz aufrechtzuerhalten (vgl. ebd.: 114). Mit diesem Ziel betrieben die USA 1993 ein Dual Commitment, indem der Iran und der Irak zunächst durch Wirtschaftssanktionen und später durch ein Handelsembargo geschwächt wurden (vgl. ebd.: 114f.). Zu dieser Zeit wurden von den USA drei Anschuldigungen gegen den Iran formuliert, „die später bei jeder passenden und unpassenden Gelegenheit in verschiedenen Kombinationen eingesetzt wurden: Unterstützung des internationalen Terrorismus, Streben nach Atomwaffen und Blockierung des israelisch-palästinensischen Friedensprozesses" (ebd.: 115).

Seit den 1990er Jahren verfestigten sich unter Rafsandschani zudem innere Gegensätze im Iran, die vier Bereiche betrafen und die Islamische Republik in eine Legitimitätskrise stürzten. Erstens herrschte auf der ideologischen Seite Uneinigkeit zwischen den „Islamisten der ersten Stunde" (Jafari 2010: 109) und den Islam-Anhängern, die die Revolution von 1979 nicht oder nur als Kinder miterlebt hatten. Hieraus erwuchs ein Konflikt von traditionellem/konservativem vs. reformorientiertem Islam (vgl. ebd.: 109f.), wobei letzterer seine Manifestation in der islamischen Reformbewegung fand (vgl. Hoffmann 2009: 137). Die islamischen Konservativen und die Reformisten sind seit 1979 die beiden dominanten politischen Akteure im Iran (vgl. Nordbjaerg Christensen 2010: 23). Zweitens konnte die Islamische Republik zwar das Ziel der Unabhängigkeit von ausländischen Mächten verwirklichen, musste aber im selben Zug die Wirtschaftsbeziehungen zum Westen ausbauen. Dies resultierte in dem Gegensatz von Anti-Imperialismus vs. Beziehungen mit dem Westen. Drittens gründete die Islamische Republik zwar auf einer größeren politischen Mitbestimmung des Volkes, faktisch wurde die politische Partizipation jedoch durch die islamische Geistlichkeit enorm eingeschränkt. Der sich hieraus ergebende Widerspruch, dass die Souveränität sowohl bei den Vertretern Gottes als auch beim Volk angesiedelt war, äußerte sich in der Konfliktlinie von Theokratie vs. Demokratie. Viertens war die Grundidee der Islamischen Republik, einen Mittelweg zwischen einer sozialistischen und kapitalistischen Politik zu verfolgen. Doch der Schwerpunkt verschob sich unter Rafsandschani zusehends auf das Wirtschaftswachstum, wodurch sich zwei weitere Gegenpole ausbildeten: Kapitalismus vs. Populismus (vgl. Jafari 2010: 109ff.).

Diese inneren Gegensätze beförderten einen Raum, „in dem gesellschaftliche Gruppen wie Frauen, junge Menschen, Intellektuelle und Gewerkschaften ihre Position dem Staat gegenüber stärkten und aktiv wurden" (ebd.: 111). Daraus resultierte ein Konflikt zwischen Gesellschaft und Staat, der fortan die inneren Verhältnisse im Iran bestimmte. Wenn dabei die Amtszeit von Rafsandschani durch einen wirtschaftlichen Wiederaufbau gekennzeichnet war, in der es bereits wenige Lockerungen in Hinblick auf die Durchsetzung islamischer Verhaltensvorschriften gab, war die von seinem Nachfolger Chatami (1997–2005) vom gesellschaftlichen Wiederaufleben geprägt (vgl. ebd.: 122 u. 157). So kam es in der Anfangszeit von Chatamis Regierung zum Teheraner Frühling: „Das Land sprudelte über von politischen Debatten, Kunst und Kultur blühten auf, Frauen und Jugendliche reizten die Grenzen der Verhaltensregeln aus" (ebd.: 137), wobei insbesondere der Frauenbewegung eine zentrale Bedeutung im staatlichen Reformprozess zukam (vgl. ebd.: 146).

Zur selben Zeit führte aber der von Chatami verfolgte Wirtschaftsliberalismus zu einer Vergrößerung der Armutsproblematik und sozialen Ungleichheit im Iran (vgl. ebd.: 138f.). Angesichts einer steigenden Arbeitslosigkeit, einer hohen Inflation und des schlechten wirtschaftlichen Ausblicks verloren vor allem die Studenten, deren Zahl in den letzten zwei Jahrzehnten ständig angestiegen war, zunehmend die Hoffnung auf eine sichere Zukunft (vgl. Mahdi 1999: 14). 1999 kam es so zu einer neuen Studentenbewegung[39], die mit Straßenprotesten ihren Kampf gegen die Islamische Republik aufnahm. Die Jugend kämpfte in diesen Protesten für Freiheit, Bürgerrechte, das Recht auf ein modernes Leben und Demokratie und verfolgte dabei einen Lebensstil, der westliche Elemente beinhaltete (vgl. Yaghmaian 1999: 37 u. 2000: 23f.). Vor demselben Hintergrund erstarkte auch die Arbeiterbewegung, die von Chatamis ökonomischen Kurs enttäuscht war (vgl. Jafari 2010: 148).

Politische Freiheit und soziale Gerechtigkeit drifteten so unter Chatami immer weiter auseinander, was letztlich Platz für Ahmadinedschads (2005–2013) Neopopulismus und -konservatismus machte (vgl. Jafari 2010: 139). Ahmadinedschad stellte sich volksnah, streng islamisch und konservativ dar und wurde 2005 überraschend zum Präsidenten gewählt (vgl. ebd.: 163f.; Gronke 2009: 114f.). Unter Ahmadinedschad kam es so-

---

39 Die Studentenbewegung nahm ihren Anfang im Zuge des Kampfes um die Nationalisierung der Öl-Industrie in den 1940er Jahren. Von da an kam ihr eine wichtige Rolle zu, da sie zum politischen Wortführer für ideologische und politische Trends in der Gesellschaft wurde (vgl. Mahdi 1999: 6).

wohl zu einer Militarisierung der Staatsmacht als auch zu einer Verschärfung des Atomstreits und des schlechten Verhältnisses zum Westen (vgl. ebd.: 166; Gronke 2009: 115). Ahmadinedschad nutzte dabei die Auseinandersetzung mit dem Westen, um seine Stellung und Popularität im Iran und in der Region zu stärken (vgl. Gronke 2009: 115; Jafari 2010: 168 u. 171f.).

Von da an bestimmten vor allem zwei Themen den westlichen Blick auf den Iran: der Kampf gegen den Terrorismus und der islamische Fundamentalismus. Dadurch hat sich eine Vorstellung vom Iran als ein Land herausgebildet, in dem Religionsbesessenheit, Frauenunterdrückung[40] und anti-westliche Einstellungen vorherrschen (vgl. Jafari 2010: 10f.). Seit einigen Jahren kommen jedoch immer häufiger Gegenbilder auf, die vor allem junge Iraner und Iranerinnen zeigen, die von den islamischen Verhaltensvorschriften Abstand nehmen und einen westlich-orientierten Lebensstil anstreben. Doch ebenso wie im anderen Extrem erfolgt hier häufig eine klischeehafte und einseitige Darstellung, die die Wirklichkeit verzerrt (vgl. ebd.: 11f.).

Unter Ahmadinedschads Regierung wurden die Repressionen gegen gesellschaftliche Organisationen, politische Widerständische und soziale Bewegungen angehoben. Vollständig unterdrücken konnte Ahmadinedschad diese gesellschaftlichen Gegenkräfte jedoch nicht (vgl. Jafari 2010: 178f.) und so erschütterte 2009 infolge der Präsidentschaftswahlen eine neue Protestwelle das Land: die Grüne Bewegung.

5.2 Die Präsidentschaftswahl 2009 und die Grüne Bewegung

Der Wahlkampf 2009 zeichnete sich durch eine Lebendigkeit aus, die die Islamische Republik seit langem nicht erlebt hatte: Auf den Straßen wurde offener Wahlkampf betrieben, im Fernsehen wurden Debatten zwischen den Präsidentschaftskandidaten ausgestrahlt, an den Universitäten konnte frei diskutiert werden und in Zeitungen und im Internet wurden kritische Artikel veröffentlicht (vgl. Jafari 2010: 180). Die An-hänger der Kandidaten – neben dem neo-konservativen Ahmadinedschad und reformpolitischen Mussawi waren dies noch Karrubi, ebenfalls aus den Reihen der Reformer, und Resai, Ex-Kommandeur der Revolutionsgar-

---

40 Diese Wahrnehmung, die auch auf den frauendiskriminierenden Gesetzen im Iran fußt, übersieht jedoch, dass die Realität der meisten Iranerinnen durchaus eine andere ist. Der Großteil der Frauen tritt im Gegensatz zu dieser vermeintlich vehementen Unterdrückung selbstbewusst auf und behauptet sich in der beruflichen und universitären Sphäre neben den Männern (vgl. Hoffmann 2009: 196ff.).

de[41] – gingen zu Tausenden auf die Straßen und forderten die Bevölkerung zur Wahlbeteiligung auf (vgl. ebd.; Emamzadeh 2011: 19). In den letzten Tagen vor der Wahl erhielt dann Mussawis Kampagne einen letzten großen Schub als seine Anhänger „eine grüne Menschenkette vom Süden bis zum Norden Teherans bildeten" (Jafari 2010: 181). Es war in diesen Tagen vor der Wahl als sich die Grüne Bewegung konstituierte (vgl. Sahimi 2010: 295) und die Hauptstadt mit einer Graswurzel-Mobilisierung der Bevölkerung in „ein Meer aus grünen Fahnen und grünen Menschen" (Emamzadeh 2011: 19) verwandelte. Grün stand in diesen Tagen nicht nur für Mussawis Kampagne oder den Islam, sondern auch für die „Hoffnung auf Veränderung" (ebd.).

Mussawis Reformkurs sah dabei vor, die Tugendwächter von den Straßen Irans zu entfernen (vgl. Nordbjaerg Christensen 2010: 28), die für die Durchsetzung der strengen islamischen Verhaltens- und Kleidungsvorschriften verantwortlich sind (vgl. Hoffmann 2009: 204). Damit sprach er nicht nur modern eingestellte iranische Frauen an, deren soziale Situation sich seit den 1990er Jahren in Sachen Gleichberechtigung zwar bereits verbessert hatte, die aber z. B. weiterhin zum Tragen des Schleiers in der Öffentlichkeit verpflichtet waren (vgl. Gronke 2009: 117). Auch die moderne iranische Jugend, die sich mehr Freiheiten wünschte, wurde dadurch adressiert (vgl. Jafari 2010: 140f.). Daneben versprach Mussawi, sich der Situation der Frauen im Iran zu widmen und band Frauen, insbesondere seine Ehefrau Zahra Rahnaward, offiziell in seine Kampagne ein (vgl. Nordbjaerg Christensen ebd.). Somit fokussierte Mussawi sein Programm auf zwei marginalisierte Gruppen, die im Zuge der Studenten- und Frauenbewegungen zu einer erstarkenden gesellschaftlichen Kraft geworden waren.[42]

Die Wahlbeteiligung 2009 war so hoch wie noch nie. Als dann aber nur wenige Stunden nach Schließung der Wahllokale am 12. Juni der Sieg Ahmadinedschads mit nahezu zwei Dritteln der Stimmen bekannt gege-

---

41 Die Revolutionsgarde ist eine politische Armee, die 1979 von Chomeini ins Leben gerufen wurde und sich der Aufrechterhaltung der Ideale und der Agenda der Islamischen Revolution verschrieben hat. Sie steht heute den Neokonservativen nahe (vgl. Nordbjaerg Christensen 2010: 21f.).

42 Gerade die Jugend besitzt dabei mit einem Anteil von zwei Dritteln an der Gesamtbevölkerung ein enormes politisches Potential und ist als Zukunftsträger der Islamischen Republik zu sehen (vgl. Hoffmann 2009: 211; Semati 2008: 7f.). Infolge der Bildungsoffensive des Staates, die unter Rafsandschani begann, „ist eine bestens ausgebildete und gut informierte Jugend herangewachsen" (Hoffmann ebd.), die sich moderner Kommunikationsmedien wie Internet und Handy bedient, um die Weltpolitik zu verfolgen und die restriktiven Verhältnisse im Iran zu umgehen (vgl. ebd.: 211f. u. 216).

ben wurde (vgl. Abrahamian 2010: 66), wurden die Hoffnungen der reformorientierten Bevölkerung zerstört. Von Seiten Mussawis und seiner Anhänger wurde Wahlbetrug proklamiert und es dauerte nicht lange, bis eine grüne Protestwelle die Straßen Teherans erfasste (vgl. Jafari 2010: 180 u. 186ff.). Am 15. Juni riefen Mussawi und Karrubi dann zu einer stillen Demonstration am Azadi Platz auf, zu der geschätzte drei Millionen Menschen erschienen (vgl. Emamzadeh 2011: 20; Abrahamian 2010: 67). Die Demonstranten umfassten ältere als auch jüngere Menschen, Fachkräfte und Arbeiter, Basarhändler und Studenten ebenso wie Frauen mit modischen Sonnenbrillen und Kopftuch oder im traditionellen Tschador (vgl. Abrahamian ebd.).[43]

Nach den Demonstrationen des 15. Juni griff die Regierung hart durch: Sie verhing ein Demonstrationsverbot, drohte jeden, der an Protesten teilgenommen oder dazu aufgerufen hatte, hinrichten zu lassen und schickte zehntausende Revolutionsgardisten und Bassidschi-Milizen[44] auf Motorrädern bewaffnet mit Sturmgewehren, Messern und Schlagstöcken auf die Straßen (vgl. ebd.: 68). Nichtsdestotrotz hielten die Straßenproteste das Jahr über an (Hashemi/Postel 2010: xv), wobei auch offizielle Anlässe wie das Freitagsgebet und nationale oder religiöse Feiertage (z. B. der Jerusalem-Tag am 18. September, der Tag des Studenten am 7. Dezember oder die schiitischen Tasua- und Ashura-Zeremonien am 26. und 27. Dezember) genutzt wurden, um Massendemonstrationen durchzuführen (vgl. Jafari 2010: 188f.).

Die Grüne Bewegung bediente sich dabei in ihren Protestaktionen verschiedener Techniken, die bereits während der Islamischen Revolution Anwendung fanden, wie z. B. des Ausrufes „Allah-u-akbar" (Gott ist groß) nachts von den Dächern der Stadt oder des 40-Tage-Trauer-Zyklus (vgl. Kurzman 2010: 11 u. 13). Zizek (2010: 74) spricht in diesem Kontext auch von den Protesten als eine Rückkehr der Unterdrückten von Chomeinis Revolution. Die Grüne Bewegung verfolgte allerdings keinen revolutionären Akt im Sinne eines Sturzes der Regierung, sondern zielte auf eine Kritik an der herrschenden Elite sowie auf eine Aufdeckung der Missstände der Regierung (vgl. Sahimi 2010: 303). Ebenso wenig lag der

---

43 Trotz dieser breiten Partizipation darf nicht übersehen werden, dass die Grüne Bewegung keine einhellige Unterstützung in der iranischen Bevölkerung fand. Ahmadinedschad und sein Regime verfügten weiterhin über eine bedeutende Anhängerschaft in der Gesellschaft, auch unter der iranischen Jugend (vgl. Kurzman 2010: 16).

44 Die Bassidschi-Miliz ist die mächtigste paramilitärische Organisation im Iran und wurde 1979 von Chomeini mit dem Ziel gegründet, die Islamische Republik gegen die USA und innere Feinde zu schützen (vgl. Nordbjaerg Christensen 2010: 21f.).

Grünen Bewegung ein pro-westliches Sentiment zugrunde, so dass sich die Proteste als Manifestation eines Konfliktes zwischen pro-westlichen Liberalen und anti-westlichen Fundamentalisten verstehen ließen. Vielmehr war die Protestbewegung ein emanzipatorisches Ereignis (vgl. Zizek 2010: 74), dem ein Kampf um individuelle Unabhängigkeit zu Grunde lag, die neben der im 20. Jahrhundert erlangten nationalen erreicht werden sollte (vgl. Jafari 2010: 192).

Auch wenn die Proteste durch den Rückbezug auf die Islamische Revolution und die Nutzung religiöser Feiertage für Demonstrationen einen religiösen Klang hatten, waren die Ziele der Grünen Bewegung weniger religiöser als politischer Natur: Ihre Anhänger sehnten sich nach Freiheit, Gleichheit, einer demokratischen Staatsverfassung, Rechtstaatlichkeit sowie Menschen- und Bürgerrechten unabhängig des individuellen politischen Hintergrunds, des Geschlechts oder der ethnischen Zugehörigkeit (vgl. Sahimi 2010: 296; Kalame 2010: 265). Die Grüne Bewegung wurde allgemein zum Ausdruck des „Wunsches der Bevölkerung nach Demokratie und sozialer Gerechtigkeit" (Jafari 2010: 186) und zu einer Art „umbrella movement" (Kalame ebd.) für eine Reihe anderer sozialer Bewegungen, wie der Frauen-, Studenten- und Arbeiterbewegung. Besonders breite Unterstützung fand die Grüne Bewegung entsprechend bei den iranischen Intellektuellen, Studenten und Frauengruppen (vgl. Hashemi/Postel 2010: xix).

Die Proteste und Unruhen stürzten die Islamische Republik in eine tiefe Krise, die sich in einem Machtkampf auf zwei Ebenen manifestierte. Zum einen ging es um die Machtverteilung innerhalb des politischen Systems des Irans zwischen gewählten und nicht-gewählten Institutionen: Ahmadinedschad erhielt nach den Wahlen in großem Umfang Rückendeckung durch Chamenei. Seine Position als Präsident wurde so durch die religiöse Institution des Obersten Führers als Vertreter Gottes[45] gestützt. Dadurch verlagerte sich das Machtgleichgewicht, das schon immer zugunsten der nicht-gewählten Instanzen ausgerichtet war, noch mehr in deren Richtung. Zum anderen spitzten sich die Differenzen der politischen Fraktionen, vor allem zwischen Neokonservativen und Reformisten und den zugehörigen Gesellschaftsschichten, zu (vgl. Jafari 2010: 180 u. 185f.). Persönliche Antagonismen spielten hierbei ebenso eine Rolle wie gesellschaftliche Gegensätze und rivalisierende Auslegungen des Islams (vgl. ebd.: 183). Gerade auch demokratisch eingestellte Politiker und

45 Nach der Verfassung Irans ist Gott Herrscher der Islamischen Republik und sein einzig rechtmäßiger Vertreter auf Erden der verborgene zwölfte Imam. Bis zu dessen Rückkehr wird die Führerschaft auf den bestqualifiziertesten islamischen Rechtsgelehrten – den Obersten Führer – oder an ein Gremium von Rechtsgelehrten übertragen (vgl. Gronke 2009: 110).

islamische Gelehrte, die die demokratischen Elemente der Islamischen Republik hervorhoben, gerieten mit der nach der Wahl stärker werdenden theokratischen Ausrichtung des politischen Systems in Konflikt (vgl. ebd.: 185).

Nach den Protesten am Ashura-Tag wurden die Protestaktionen nach und nach weniger, was jedoch nicht bedeutet, dass die Grüne Bewegung damit ein Ende fand (vgl. ebd.: 190; Hashemi/Postel 2010: xvii). Bereits im Dezember 2009 hatte sich der Fokus der Bewegung von den Wahlen auf die politischen Grundsteine und die Zukunft der Islamischen Republik verschoben (vgl. Hashemi/Postel 2010: xv). Die Grüne Bewegung setzte ihren Kampf für Demokratie und Menschenrechte so auch nach 2009 fort, indem sie im Januar 2010 ein Manifest sowie danach regelmäßig Statements und Bekanntmachungen veröffentlichte und immer wieder zu Protestaktionen aufrief, wie z. B. am 14. Februar 2012 (vgl. ebd.: xviii; Dabashi 2010: 274; Wright 2010: 192; Gropp 2012). Jafari (2010: 197) sieht dabei gerade in der tiefen historischen Verwurzelung der Grünen Bewegung, die bis zur Islamischen Revolution zurückreicht und das Streben nach Freiheit, Unabhängigkeit, Demokratie und sozialer Gerechtigkeit unvollendet ließ, den Grund ihrer Persistenz.[46]

5.3 Die Medien der Grünen Bewegung

5.3.1 Medieninstitutioneller Hintergrund des Irans

Im Iran existiert zwar laut Grundgesetz Meinungs- und Pressefreiheit, diese wird aber verfassungsrechtlich durch die Unantastbarkeit der Herrschaft der Rechtsgelehrten begrenzt, die keine Darstellungsfreiheit für Themen vorsieht, welche die Grundlagen des Islams oder allgemeine Rechte betreffen (vgl. Rawan 2009: 927; Emamzadeh 2011: 21). Faktisch

---

46 Dass die Grüne Bewegung eine anhaltende Gefahr für das iranische Regime darstellt, zeigt sich auch in dem Hausarrest unter den Karrubi, Mussawi und dessen Frau Rhanaward im Februar 2011 gestellt wurden nachdem sie zur „Solidarität mit dem Arabischen Frühling aufriefen" (Michaelsen/Mirza 2013). Vier Jahre nach der großen Protestwelle stehen sie noch immer unter Hausarrest und infolge hunderter Inhaftierungen von oppositionellen Politikern, Journalisten und Unterstützern sowie zahlreichen Verfolgungen und Hinrichtungen, ist es ruhig geworden um die Grüne Bewegung (vgl. Nirumand 2013a: 7; Salloum 2013). Doch obwohl Kritiker immer wieder den Tod der Grünen Bewegungen ausriefen, gibt es weiterhin Anzeichen für ihre schwelende Existenz und Hoffnung auf ein erneutes Aufflammen (vgl. Luther 2013; Salloum 2013, Seifi 2013). Zuletzt demonstrierte sich dies nach dem Wahlsieg Ruhanis im Juni 2013, als auf den Straßen Teherans seine Präsidentschaft u. a. mit Ausrufen „‚Die Grüne Bewegung lebt!'" (Nirumand 2013b: 2) gefeiert wurde.

wird die Presse- und Meinungsfreiheit zudem dadurch eingeschränkt, dass die nationalen Medien entweder in der Hand der Regierung sind oder unter ihrer Aufsicht stehen. Damit herrscht weitgehend Zensur vor, die sich häufig auch in einer Form der Selbstkontrolle manifestiert, da kritische und unerwünschte Berichterstattung scharfen Sanktionen unterliegt (vgl. Emamzadeh 2011: 21).

Der innerpolitische Machtkampf im Iran wird auch immer um die Kontrolle der bedeutendsten Massenmedien im Land geführt. So zeichnete der Wahlsieg Ahmadinedschads im Jahr 2005 einen Umbruch der Medienpolitik, nachdem dieser alle Staats- und zentralen Medienorgane in seine Gewalt gebracht hatte. Mit Ahmadinedschads Präsidentschaft wurden zahlreiche kritische Publikationen verboten. So gab es 2009 nur noch wenige Zeitungen der Reformer im Iran, die dazu noch streng zensiert wurden (vgl. Rawan 2009: 929). Auch die Ein- und Ausfuhr ausländischer Publikationen unterliegt einem strengen Reglement, für das das Zentralbüro für ausländische Presse und Publikationen im Ministerium für Kultur und Islamische Führung verantwortlich ist. Hinsichtlich Ausbreitung und Nutzung ist die iranische Presse generell ein Medium der Intellektuellen und das Informationsmonopol liegt bei der Hauptstadt Teheran (vgl. ebd.: 932).

Die Rolle der Medien wird als Propaganda- und Erziehungsinstrument definiert, dessen Funktion in erster Linie die Dissemination des offiziellen Diskurses ist. Da die elektronischen Medien im sozialen Leben eine große Bedeutung einnehmen, wurde ihr Ausbau seitens der Regierung fortwährend gefördert. So zählt die Radio- und Fernsehorganisation der Islamischen Republik Iran (RIRI) zu den umfassendsten Kommunikationssystemen der islamischen Länder (vgl. ebd.: 933). Im Iran existieren dabei keine privaten oder kommerziellen Fernseh- oder Radiosender und nahezu alle Programme sind inländische Produktionen. In diesem Sinn wird die Medienagenda auch nicht durch das Publikum, sondern durch die Medien selbst bestimmt, was auf der Rezipientenseite in Desinteresse und Vertrauensverlusten gegenüber den Medien resultiert (vgl. Baghestan/Hassan 2009: 243; Rawan 2009: 934f.). Dennoch ist das Fernsehen das populärste Medium im Iran, das von rund 95 Prozent der Bevölkerung konsumiert wird und als primäre Quelle der Information und Unterhaltung gilt (vgl. Baghestan/Hassan ebd.). Obwohl dabei Radio und Fernsehen seit nunmehr 30 Jahren den konservativen Kräften im Iran unterliegen, gelang es dem Regime bis dato nicht „seine Vision einer einheitlichen islamischen Gesellschaft durchzusetzen" (Rawan 2009: 935).[47]

---

[47] Davon zeugt u. a. die anhaltende Missachtung des Verbots von Satellitenantennen, mit denen auf alternative Programme zugegriffen wird (vgl. ebd.).

Angesichts der Abwesenheit unabhängiger Medien im Iran besitzen neue Informations- und Kommunikationstechnologien nicht nur für die Bevölkerung allgemein, sondern speziell auch für oppositionelle Gruppierungen eine hohe Bedeutung (vgl. ebd.: 936; Mohseni 2011: 30). Seit Jahren ist das Internet, auf das heute auch vielfach via Mobiltelefone zugegriffen wird, „für die iranische Bevölkerung ein Fenster zur Außenwelt" (Emamzadeh 2011: 21). Die Reichweite von Internet und Mobiltelefon ist in den letzten Jahren rasant gestiegen: Während 1996 die Zahl der Internetnutzer noch bei 2.000 lag, überstieg sie 2007 bereits 12 Millionen und hat 2011 28 Millionen bei einer Gesamtbevölkerung von 75 Millionen erreicht. Bei Mobiltelefonen ist eine noch deutlichere Steigerung zu verzeichnen: 1997 lag die Zahl der Mobiltelefonnutzer noch bei 135.000, 2009 bereits bei über 32 Millionen und 2011 bei etwa 54 Millionen (vgl. Mohseni 2011: 29; Khiabany 2011: 45; Sreberny/Khiabany 2010: 14; Freedom House 2011: 4).[48]

Das Internet bietet dabei zum einen Journalisten, deren Zeitungen durch das Regime verboten wurden, die Möglichkeit durch eigene Webseiten ihre Inhalte zu verbreiten. Zum anderen werden Weblogs für die Bevölkerung zum Mittel, um die strenge Internetkontrolle des Regimes zu umgehen, die von der Filterung von Inhalten über die Blockierung von Webseiten bis zur Identifizierung von Nutzern mit anschließender Sanktionierung (Hausarrest, Gefängnis oder sogar Hinrichtung) reicht. So sind soziale Medien und Blogs zum zentralen Mitteilungs- und Informationsmedium vor allem der iranischen Jugend avanciert und Blogger und Internetnutzer standen in der ersten Reihe der Opposition gegen Ahmadinedschads Regime (vgl. Rawan 2009: 936f.; Emamzadeh 2011: 22; Mohseni 2011: 30).

Neben dem Internet nimmt das Mobiltelefon eine zentrale Stellung für die iranische Jugend ein, wobei diese vor allem begeisterte Texter sind und das Mobiltelefon einsetzen, um Witze (auch politische) auszutauschen, ihre Aktivitäten zu organisieren oder sich den strengen Moralvorschriften hinsichtlich des Umgangs mit dem anderen Geschlecht zu ent-

---

48 Insgesamt weisen die vorhandenen Zahlen und Statistiken zur Intern- und Mobilfunknutzung eine große Inkonsistenz auf und sind deswegen wenig verlässlich. Dies trifft insbesondere auf aktuelle Angaben zu. Nichtsdestotrotz stimmt der Großteil der Beobachter darin überein, dass ein anhaltender Wachstumstrend vorliegt. Vor allem im Bereich der Mobiltelefonnutzung sind weiterhin steigende Nutzerzahlen zu verzeichnen, was mit den hohen Investitionen in den Ausbau der Mobilfunkinfrastruktur in den letzten Jahren in Verbindung steht (vgl. Kelly et al. 2013: 382f.).

ziehen (vgl. Sreberny/Khiabany 2010: 11 u. 84; Hoffmann 2009: 216).[49] Ebenso wie das Internet wird auch die Mobiltelefonie durch das Regime kontrolliert: Sowohl der SMS- als auch MMS-Verkehr werden gefiltert und überwacht, wobei es dem Regime aufgrund der obligatorischen Nutzeridentifizierung bei Abschluss eines Mobilfunkvertrages ein Leichtes ist, Sender und Empfänger einer bestimmten Nachricht ausfindig zu machen. Aus diesem Grund ist die Nutzung von SMS zur Verbreitung und zum Austausch regimekritischer Inhalte sehr riskant und nicht weit verbreitet (vgl. Sreberny/Khiabany 2010: 84; Freedom House 2011: 190).[50] Nichtsdestotrotz nahm das Mobiltelefon im Zuge der Wahlen 2009 für die Opposition und die Grüne Bewegung eine signifikante Rolle ein.

5.3.2 Die Mediennutzung in der Grünen Bewegung

Die Grüne Bewegung zeigte sich während der Proteste gegen die Präsidentschaftswahl als ein soziales Netzwerk, dessen Rückgrat elektronische Medien wie das Internet und das Mobiltelefon bildeten (vgl. Sahimi 2010: 304; Kurzman 2010: 7). So bediente sich auch Mussawis Kampagne in großem Umfang des Internets und des Mobiltelefons. Seine Anhängerschaft nutzte nicht nur Facebook für ihre Kampagne (wie auch die übrigen Kandidaten), sondern baute auch ein Wahlüberwachungssystem auf SMS-Nachrichten und Mobiltelefonie auf, mit dem mehr als 20.000 Beobachter am Wahltag von verschiedenen Wahllokalen Bericht über die Ergebnisse und mögliche Irregularitäten an das Hauptquartier erstatten sollten. Am Tag der Wahl blockierte die iranische Regierung jedoch den SMS-Verkehr im ganzen Land. Vom Reformlager wurde dies als Beweis

---

49 Dieses widerständige Potential des Internets und des Mobilfunks hat das iranische Regime immer wieder zu einschränkenden Maßnahmen veranlasst. So wurden beispielsweise in der jüngsten Vergangenheit Vorhaben zum Ausbau eines Hochgeschwindigkeitsnetzes in den öffentlichen Bereichen Teherans bereits in der Planungsphase gestoppt. Die Nutzung des drahtlosen Internets über das Mobiltelefon steht zudem in der ständigen Kritik hinsichtlich der Ermöglichung von Videoanrufen zwischen Teilnehmern unterschiedlichen Geschlechts (vgl. Kelly et al. 2013: 384).

50 Die staatliche Kontrolle über Internet und Mobiltelefonie manifestiert sich auch auf der wirtschaftlichen Ebene: So ist die Revolutionsgarde seit 2009 in Besitz eines Mehrheitsanteils der Telecommunication Company of Iran (TCI), Irans größter Internet- und Mobilfunkanbieter. Irans zweitgrößter Mobilfunkanbieter, IranCell, gehört in Teilen einem Netz aus Stellvertreterunternehmen, die durch die Revolutionsgarde kontrolliert werden. Ebenso ist der drittgrößte Mobilfunkanbieter RighTel, der 2011 an den Markt ging, in Staatsbesitz (vgl. Kelly et al. 2013: 385).

für die Fälschung der Wahl deklariert (vgl. Sreberny/Khiabany 2010: 170; Yahyanejad 2011: 52).[51]

Auch in den Tagen nach der Wahl wurden der SMS-Verkehr, das Mobilfunknetz und der Zugang zu Mussawis Webseite sowie der anderer Reformer blockiert (vgl. Alizadeh 2010: 4). Das Regime vollführte damit einen umfassenden „media crackdown" (Sabety 2010: 119), welcher sich auch in der Ausweisung ausländischer Journalisten und der Stilllegung des ausländischen Rundfunks und oppositioneller Zeitungen (vgl. Abrahamian 2010: 68) äußerte, aber den Informationsfluss aus dem Iran hinaus nicht stoppen konnte. Vor allem Twitter und Mobiltelefone rückten in den Mittelpunkt, als die Protestanhänger Wege fanden, Webseiten zu entsperren und ihre Berichte und Bilder über die Krise im Iran zu versenden (vgl. Hashem/Najjar 2010: 128). Mit Mobiltelefonen aufgenommene Videos und Fotos wurden via Blogs, Facebook und YouTube der Weltöffentlichkeit zugänglich gemacht (vgl. Sabety ebd.; Sreberny/Khiabany 2010: 173; Emamzadeh 2011: 21). Es dauerte nicht lange bis sich auch die ausländischen Medienberichterstatter mangels des Zugangs zu anderen Informationsquellen der Amateurvideos und -berichte der iranischen Bürgerjournalisten auf YouTube, Twitter und Facebook bedienten, um ihre Berichte über den Iran zu unterfüttern (vgl. Sabety 2010: 120; Emamzadeh ebd.). Die Nachrichtensendungen wurden so zu einer „amateur's story line captured on a cell phone" (Sabety ebd.).

Internet und Mobiltelefonie wurden aber im Rahmen der Wahlproteste nicht nur von der demonstrierenden Bevölkerung genutzt, sondern auch vom iranischen Regime für seine eigenen Zwecke instrumentalisiert. So wurden mittels der zahlreich verfügbaren Fotos und Videos in den sozialen Medien nach Protestteilnehmern gefahndet, indem diese Bilder auf iranischen Nachrichtenwebseiten veröffentlicht und die Bevölkerung um Hilfe bei der Identifizierung gebeten wurde (vgl. Morozov 2011: 10). Daneben versendete das Regime SMS-Nachrichten an die iranische Bevölkerung, in denen diese unter Androhung strafrechtlicher Verfolgung dazu aufgefordert wurde, sich in Zukunft nicht (mehr) an den Protestaktionen zu beteiligen (vgl. ebd.: 11).

Einen traurigen Höhepunkt fand die Mobiltelefon- und Internetnutzung am 20. Juni 2009 als Neda Agha-Soltan, eine junge iranische Studentin, auf den Straßen Teherans erschossen, ihr Tod in einem Handyvideo festgehalten und über YouTube für die ganze Welt miterlebbar gemacht

51 Die Regierung gab an den SMS-Service gestört zu haben, um der Wahlwerbung am Wahltag vorzubeugen, die im Iran gesetzeswidrig ist (vgl. Yahyanejad 2011: 52).

wurde (vgl. Bashi 2010: 40; Emamzadeh 2011: 24; Sabety 2010: 121).[52] Neda gab der Grünen Bewegung ein Gesicht. Sie personifizierte das Versagen der Islamischen Revolution, die vor allem Freiheit und soziale Gerechtigkeit für iranische Frauen nicht verwirklichen konnte und feminisierte die Protestbewegung (vgl. Sabety 2010: 123f.). Dieser Vorfall zeigt aber auch mögliche Gefahren der neuen Mediennutzung in der Berichterstattung auf. Anfangs wurde unter Zeitdruck und auf Grundlage der Meldungen und Bilder auf Twitter und Facebook fälschlicherweise Neda Soltani als die Frau im Video ausgemacht und ihr Name und Foto in den Nachrichten veröffentlicht. Für die lebende Neda Soltani hatte dies schwere Konsequenzen: Sie wurde von der Regierung verfolgt und musste aus dem Iran fliehen (vgl. Emamzadeh 2011: 24).

5.4 Zusammenfassung: zentrale Subthemen und Diskursverbindungen

Der Rückblick in die Geschichte sozialer Bewegungen im Iran hat gezeigt, dass der Kampf um soziale Gerechtigkeit und nationale Unabhängigkeit bereits bis zur Tabakrebellion Ende des 19. Jahrhunderts zurückreicht. Mit der Konstitutionellen Revolution kamen dann demokratische Ziele hinzu, die sich mit dem Aufkommen der Studenten-, Frauen- und Arbeiterbewegung im 20. Jahrhundert immer mehr mit Fragen der Menschen- und Bürgerrechte, der individuellen Freiheit bzw. Unabhängigkeit und sozialen Gleichheit vermischten. Die Grüne Bewegung Anfang des 21. Jahrhunderts zeigt sich so nicht nur als ein Ensemble verschiedener gesellschaftlicher Gegenkräfte, sondern auch historischer Bestrebungen der iranischen Bevölkerung, deren Erbe sie fortführt.

Der Iran weist eine lange Geschichte der (gewaltsamen) Unterdrückung der Bevölkerung und Medienzensur auf. Im selben Zug hat sich aber gezeigt, dass die iranische Bevölkerung stets bereit war, sich repressiven Regimen entgegenzustellen und für ihre Ziele zu kämpfen. In der jüngsten Vergangenheit bediente sie sich hierzu im Rahmen der Proteste infolge der Präsidentschaftswahl 2009 und der Grünen Bewegung neuer Informations- und Kommunikationsmedien.

Bezüglich der westlich-iranischen Beziehung ist festzuhalten, dass diese in der Vergangenheit vor allem von der Öl-Politik des Westens ge-

---

52 Kurz nach Veröffentlichung des Videos wurde ein Bassidschi-Milizionär zum Täter erklärt. Bis heute ist jedoch der tatsächliche Hergang ungeklärt. Seitens der iranischen Regierung wurde die Tat einem Protestteilnehmer zugeschrieben und später wurde diese Möglichkeit auch in der westlichen Berichterstattung eingeräumt (vgl. Bach Malek 2010: 287).

kennzeichnet war. Wichtige Aspekte des politischen Verhältnisses zwischen dem Westen und dem Iran sind heute zudem das Atomprogramm des Irans, seine vermeintliche Behinderung des israelisch-palästinensischen Friedensprozesses und Unterstützung des internationalen Terrorismus. Das Bild vom Iran in der westlichen Öffentlichkeit ist dabei im Wesentlichen durch zwei Extrema geprägt: Zum einen wird ein islamischer Fundamentalismus, der mit einer Unterdrückung der Frau und anti-westlichen Haltung verbunden wird, gezeichnet. Dem wird zum anderen eine iranische Jugend gegenüberstellt, die sich durch eine Hinwendung zur westlichen Kultur und Technikaffinität hervorhebt.

Insgesamt lassen sich damit in Hinblick auf den historischen und gegenwärtigen Diskurs sozialer Bewegungen im Iran und seiner Verschränkung mit dem Diskurs zum Mobiltelefon Verbindungen zu den Themenbereichen Emanzipation und Freiheit, Ungleichheit und Diskriminierung, Demokratisierung und Partizipation, Überwachung und Kontrolle, Öffentlichkeit und Entprofessionalisierung, Medienrevolution und Cyber-Utopismus sowie Sicherheit und Terror vorfinden. Besonders zentral erscheint vor diesem Hintergrund die Rolle der Frau und Jugend in Bezug auf die Mediennutzung während Irans Grüner Bewegung, da sich in Hinblick auf die Feminisierung und Verjugendlichung des Handys eine besondere Hervorhebung dieser vermuten lässt. Ob und wie sich dies im Rahmen der deutschen Berichterstattung abbildet, wird Gegenstand der nachfolgenden Diskursanalyse sein.

6 DIE DISKURSIVE EINBETTUNG DER MOBILTELEFONNUTZUNG WÄHREND IRANS GRÜNER BEWEGUNG IN DER DEUTSCHEN BERICHTERSTATTUNG

Bevor sich der Diskursanalyse der deutschen Berichterstattung zur Mobiltelefonnutzung während Irans Grüner Bewegung zugewendet wird, wird das Vorgehen der Analyse dargelegt, um die Nachvollziehbarkeit der einzelnen Arbeitsschritte zu gewährleisten. Im zweiten Abschnitt wird basierend auf einer Struktur- und Feinanalyse der Artikel eine Zusammenfassung der Berichterstattung gegeben, die einen Überblick über die inhaltliche Ausrichtung des Artikelkorpus gibt. Abschnitt 6.3 widmet sich der Diskursanalyse in Hinblick auf die eingangs formulierten Forschungsfragen. Zuerst werden hierbei die zentralen Thematiken und Kollektivsymboliken innerhalb der Diskursverschränkung Mobiltelefon/ soziale Bewegungen betrachtet. Danach wird der Fokus speziell auf den Tod von Neda und auf die diskursive Einbettung des Handyvideos im Kontext der Mobiltelefonnutzung während Irans Grüner Bewegung gerichtet. In der Zusammenfassung werden die Ergebnisse der Diskursanalyse in Hinblick auf die Fragestellungen abschließend beurteilt.

6.1 Einführende Bemerkungen zur Vorgehensweise

Die Süddeutsche Zeitung (SZ) und der Spiegel wurden als Nachrichtenmedien für diese Diskursanalyse ausgewählt, da sie zentrale meinungsbildende Leitmedien Deutschlands sind (vgl. Stahl 2005; Hanke 2011). Mit einer Auflage von über 400.000 Exemplaren ist die SZ Marktführer der überregionalen Qualitätstageszeitungen Deutschlands (vgl. Süddeutsche Zeitung 2012) und der Spiegel gehört mit einer durchschnittlichen Reichweite von über 950.000 Exemplaren zur Spitze der deutschen Wochenzeitschriften (vgl. Spiegel-Gruppe 2012). Zudem war der Spiegel das meistzitierte Medium in Deutschland in den Jahren 2009, 2010 und 2011. Die SZ folgte hinter der Bild-Zeitung und der New York Times in den

Jahren 2010 und 2011 auf Platz vier; 2009 lag sie auf Platz neun (vgl. PMG Presse Monitor 2010, 2011 u. 2012). Entsprechend dieses hohen Verbreitungs- und Zitiergrades ist von einer besonderen Signifikanz dieser beiden Nachrichtenmedien im deutschsprachigen Gesellschaftsdiskurs auszugehen.

Die der Diskursanalyse zugrundeliegenden Online- und Print-Artikel des Spiegels und der SZ wurden mittels einer Stichwort-Suche in den Archiven des jeweiligen Mediums[53] zusammengestellt. Hierfür wurde das Stichwort „Iran" in einer Und-Verknüpfung mit jeweils „Handy*", „Mobil*", „SMS*" oder „Kurznachricht*" (Sternchen steht für eine Trunkierung) recherchiert. Der Recherche-Zeitraum wurde mit Blick auf den Verlauf der Grünen Bewegung auf den 12.06.2009 bis zum 28.12.2009 gesetzt. Der 12.06.2009 war der Tag der Präsidentschaftswahl und markiert als ein diskursives Ereignis ein deutliches Erstarken der Grünen Bewegung. Da sich die nachfolgenden Protestaktionen am 26. und 27. Dezember im Zuge der Tasua- und Ashua-Feierlichkeiten noch einmal intensivierten und danach langsam abebbten, wurde unter Berücksichtigung etwaiger zeitlicher Verzögerungen der Berichterstattung der 28.12.2009 als Endpunkt gewählt.

Entsprechend dieser Kriterien konnten insgesamt 68 Artikel recherchiert werden, wovon 47 auf die SZ (19 Print und 25 Online)[54] und 21 auf den Spiegel (5 Print und 16 Online) fallen. Eine vollständige Liste der Artikel findet sich im Anhang unter 8.3. Hinsichtlich der Bebilderung ist festzuhalten, dass zum einen nicht alle Artikel eine Bebilderung aufweisen und sich zum anderen häufig gleiche Bilder in unterschiedlichen Artikeln finden. Insgesamt sind 15 Artikel des Spiegels und 29 Artikel der SZ bebildert. Durch die mehrfache Bebilderung einzelner Artikel weist der Spiegel in Summe 50 Bilder und die SZ 42 Bilder auf.

Als erster Schritt der Analyse wurden die Artikel getrennt nach Spiegel und SZ in einer Datenbank erfasst. In dieser Datenbank wurden die Artikel in Anlehnung an Jäger (2000b) nach Datum sortiert, durchnummeriert und zunächst Erscheinungsform, Titel, Untertitel, Hintergrund, Rubrik und Textsorte aufgenommen. Anschließend erfolgte eine knappe Inhaltszusammenfassung und Beschreibung der vorhandenen

---

53 Für den Spiegel kann die Suchmaske über <http://www.spiegel.de/suche/index.html?suchbegriff= > abgerufen werden. Für die SZ erfolgte die Suche im Online-Angebot über <http://suche.sueddeutsche.de/> und im Print-Angebot über <http://librarynet.szarchiv.de/Portal/j_security_check> (Zugriff über die Universitätsbibliothek der Ruhr-Universität Bochum).

54 In neun Fällen sind in Print- und Onlineartikeln vollständig oder teilweise gleiche Textpassagen vorzufinden, wobei die Artikel aber eine unterschiedliche Bebilderung aufweisen.

Bilder sowie eine Einordnung des Artikels hinsichtlich seiner Positionierung zum Gesamtgeschehen. Unter Rückgriff auf die Ausführungen der Kapitel vier und fünf wurden die im Artikel angesprochenen Thematiken erfasst, die in Verbindung zur Diskursverschränkung Mobiltelefon/soziale Bewegungen stehen. Zuletzt wurden Kollektivsymboliken festgehalten, die einen Bezug zum Mobiltelefon bzw. zur Mobiltelefonnutzung in sozialen Bewegungen aufweisen und anschließend wie die Kollektivsymboliken aus Kapitel vier in einer Tabelle nach den Feldern Technik, Natur, Sozialbereich und Militär/Krieg festgehalten, die unter 6.3.1 zu finden ist.

Als nächstes wurde eine Strukturanalyse des gesamten Artikelbestandes entsprechend des im Anhang zur Verfügung gestellten Analyseleitfadens nach Jäger vorgenommen, die unter 6.3.1 tabellarisch aufbereitet dieser Arbeit beigefügt ist. Auf Basis dieser Strukturanalyse wurden die Artikel für die Feinanalyse ausgewählt. Da der Schwerpunkt der Arbeit auf der Mobiltelefonnutzung in sozialen Bewegungen bzw. Irans Grüner Bewegung liegt, wurden als Auswahlkriterien die möglichst breite Behandlung wesentlicher Thematiken innerhalb der Diskursverschränkung Mobiltelefon/soziale Bewegungen und das Auftreten von Kollektivsymboliken mit Bezug zum Mobiltelefon zugrunde gelegt. Aufgrund des speziellen Fokus auf den Tod von Neda als diskursives Ereignis wurden zudem bewusst auch Artikel herausgegriffen, die eine Verbindung hierzu aufweisen. Insgesamt wurden so neun Artikel für die Feinanalyse ausgewählt: vier Artikel aus dem Spiegel (SpiegelOnline 18.06.09a, Der Spiegel 26/2009b, SpiegelOnline 01.07.09b und Der Spiegel 29/2009) und fünf Artikel aus der SZ (sueddeutsche.de 14.06.09b, sueddeutsche.de 17.06.09/Süddeutsche Zeitung 18.06.09a (diese beiden Artikel weisen den gleichen Text, aber eine unterschiedliche Bebilderung auf), Süddeutsche Zeitung 18.06.09b, sueddeutsche.de 22.06.09d und Süddeutsche Zeitung 09.07.09b). Eine stichpunktartige Zusammenfassung der Feinanalyse der einzelnen Artikel ist unter 8.2 im Anhang zu finden.

6.2 Thematischer Überblick zur Berichterstattung im Artikelkorpus

Sowohl die SZ als auch der Spiegel sind politisch links-liberal zu verorten (vgl. Stahl 2005; Hanke 2011). Der inhaltliche Schwerpunkt der SZ liegt auf dem „überregionale[n] Nachrichtenteil mit Meldungen und Kommentaren aus dem In- und Ausland" (Stahl 2005), während sich der Spiegel vor allem auf „lange Hintergrundberichte zum politischen Geschehen in Deutschland und in der Welt" (Hanke 2011) fokussiert. Die recherchierten Artikel zur Mobiltelefonnutzung während Irans Grüner Bewegung speisen sich entsprechend zum Großteil aus den Rubriken Politik und Ausland; vereinzelt handelt es sich auch um Artikel aus den Bereichen Meinung, Wirtschaft, Kultur/Gesellschaft, Film, Netzwelt/Web und Medien/Internet.

Wie es die links-liberale Ausrichtung der beiden Nachrichtenmedien erwarten lässt, werden über den gesamten Untersuchungszeitraum die Blockierung und Einschränkung des Mobilfunk- und SMS-Verkehrs sowie die sich intensivierende Repression und Zensur durch das iranische Regime stark thematisiert. Diesbezüglich findet sich der Verweis, dass dies gerade Maßnahmen darstellten, die auf die Verhinderung eines möglichen Einsatz des Mobiltelefons zur Protestorganisation oder auf die Störung der Kommunikationsstruktur der Opposition zielten (vgl. Süddeutsche Zeitung 15.06.09b; sueddeutsche.de 15.06.09b; Der Spiegel 29/2009). Mehrfach wird in diesem Kontext auch auf die Symbolik des Katz-und-Maus-Spiels rekurriert, in dem die repressiven Maßnahmen der Regierung den dissidenten Handlungen der Protestanhänger gegenüberstehen (vgl. u. a. sueddeutsche.de 17.06.09; Der Spiegel 26/2009b; Spiegel-Online 01.07.09b).

Die Einschränkung der Kommunikation wird dabei in erster Linie in einen Zusammenhang mit der Beschneidung der Meinungsvielfalt, der freien Berichterstattung und der Bürger-/Menschenrechte gestellt (vgl. u. a. Süddeutsche Zeitung 15.06.09a; sueddeutsche.de 15.06.09d; Der Spiegel 26/2009b; SpiegelOnline 01.07.09b). Zu Beginn des Analysezeitraums wird vielfach die Rolle des Mobiltelefons für die Organisation der Oppositionsbewegung betont (vgl. u. a. sueddeutsche.de 13.06.09; Süddeutsche Zeitung 15.06.09a; SpiegelOnline 12.06.09; SpiegelOnline 13.06.09). Nur vereinzelt wird der organisatorische und strategische Einsatz des Mobiltelefons während der Protestaktionen behandelt (vgl. u. a. sueddeutsche.de 22.06.09d; SpiegelOnline 18.06.09a; Der Spiegel 26/2009b). Dies korrespondiert mit der weitreichenden Blockierung und Störung des Mobilfunkverkehrs durch die iranische Regierung und dem daraus folgenden organisatorisch-strategischen Einsatz des Internets und vor allem von Twitter.

Angesichts der anhaltenden Beschränkung der Kommunikation und der nationalen und internationalen Berichterstattung wird zunehmend die Bedeutung von Handybildern, die über Internetplattformen wie YouTube, Facebook und Flickr Verbreitung fanden, für die Herstellung einer Gegenöffentlichkeit unterstrichen (vgl. u. a. sueddeutsche.de 17.06.09; Süddeutsche Zeitung 18.06.09a; SpiegelOnline 18.06.09a; SpiegelOnline 18.06.09c). Hinsichtlich der Bedeutung des Mobiltelefons in sozialen Bewegungen werden in einzelnen Artikeln Seattle 1999 und Burma 2007 zum Vergleich herangezogen (vgl. Süddeutsche Zeitung 18.06.09b; Süddeutsche Zeitung 09.07.09b).

Mit dem Tod von Neda ist ab dem 21./22. Juni eine deutliche Verschärfung des Tons der Berichterstattung zur Handynutzung während Irans Grüner Bewegung im Zuge der weltweiten Verbreitung des Handyvideos von ihrem Tod auszumachen. Das Mobiltelefon wird ab diesem Zeitpunkt gemeinsam mit sozialen Plattformen des Internets (wie Twitter, YouTube und Flickr) explizit als ein wertvolles Instrument der Protestbewegung benannt (vgl. u. a. sueddeutsche.de 22.06.09d; SpiegelOnline 01.07.09b). Ebenso verstärkt sich jedoch die Debatte um die Authentizität und Glaubwürdigkeit der Handyvideos aus dem Iran (vgl. u. a. Süddeutsche Zeitung 23.06.09c, sueddeutsche.de 24.06.09a; Süddeutsche Zeitung 09.07.09b). Nach dem Tod von Neda nimmt auch die Thematisierung der Beteiligung von Frauen an der Grünen Bewegung zu (vgl. u. a. Süddeutsche Zeitung 23.06.09c; Der Spiegel 29/2009). Besonders herausgestellt wird zudem Nedas Jugend und Studentenstatus (vgl. u. a. sueddeutsche.de 22.06.09d; sueddeutsche.de 05.11.09; SpiegelOnline 21.06.09; Der Spiegel 29/2009), womit hier ein über den ganzen Zeitraum vorhandener Bezug zur iranischen Jugend sowie zur Frauen- und Studentenbewegung stark präsent ist.

Hinsichtlich der Bebilderung der Artikel ist auffällig, dass, wenn Demonstranten mit Mobiltelefonen in der Hand abgebildet werden, diese nicht nur jung sind, sondern es sich bei Aufnahmen von einzelnen Personen oder kleineren Gruppen von Personen vor allem um iranische Frauen handelt, die modern und westlich gekleidet sind und unter deren Kopftuch das Haar scheinbar absichtlich hervortritt. Besonders dominant ist hierbei ein Bild einer jungen Iranerin mit rosa-kariertem Kopftuch, die mit der einen Hand pfeifend, mit der anderen das Handy offenbar im Aufnahmemodus in die Luft haltend vor einem übergroßen Mussawi-Plakat steht (vgl. sueddeutsche.de 14.06.09b; Süddeutsche Zeitung 18.06.09a; Der Spiegel 26/2009b; SpiegelOnline 01.07.09b).

Mit der Aufdeckung des Verkaufs von Technologie zur Überwachung der Internet- und Mobilfunkkommunikation durch Nokia-Siemens und der Verhaftung einer Französin mit dem Vorwurf der Spionage wegen Fotografierens mit dem Handy auf Demonstrationen wird zudem der Aspekt der Überwachung des und mittels des Mobiltelefons aufgegriffen (vgl. u. a. Süddeutsche Zeitung 23.06.09b; Süddeutsche Zeitung 09.07.09a; Der Spiegel 26/2009b). Über den gesamten Artikelkorpus hinweg wird ferner immer wieder die angespannte Beziehung zwischen dem Iran und dem Westen bzw. der USA angesprochen. In erster Linie finden sich diese Verweise im Kontext des Konflikts um Irans Atomprogramm und der Verurteilung des gewaltsamen Vorgehens der iranischen Regierung gegen die eigene Bevölkerung (vgl. u. a. sueddeutsche.de 13.06.09; sueddeutsche.de 20.06.09; SpiegelOnline 16.06.09; Der Spiegel 26/2009a). Im Zuge des Verkaufs von Überwachungstechnik durch ein deutsch-finnisches Unternehmen wird die Frage der westlich-iranischen Beziehung auch auf die wirtschaftliche Ebene ausgeweitet (vgl. u. a. sueddeutsche. de 24.06.09b).

Daneben werden Fragen der nationalen Unabhängigkeit des Irans angeschnitten, wenn es um die Ablehnung einer möglichen Einmischung des Westens in die inneren Angelegenheiten des Irans geht (vgl. u. a. Süddeutsche Zeitung 17.06.09b; sueddeutsche.de 22.06.09; SpiegelOnline 18.06.09b; Der Spiegel 29/2009). Über das Ideal der nationalen Unabhängigkeit hinaus werden die Ideale der ökonomischen Entwicklung und sozialen Gerechtigkeit vereinzelt behandelt, wobei das Erreichen letzterer auch explizit mit dem Mobiltelefon sowie den neuen Medien generell in Verbindung gebracht wird (vgl. sueddeutsche.de 16.06.09a; sueddeutsche.de 17.06.09; SpiegelOnline 12.06.09; Der Spiegel 26/2009a). Im allgemeineren Kontext Irans Grüner Bewegung findet außerdem eine häufige Bezugnahme zur Islamischen Revolution von 1979 statt (vgl. u. a. sueddeutsche.de 14.06.09a; sueddeutsche.de 20.06.09; SpiegelOnline 13.06.09; Der Spiegel 26/2009a). Eine auffallend geringe Thematisierung lässt sich hinsichtlich der Öl-Problematik im Artikelbestand finden (vgl. Süddeutsche Zeitung 15.06.09b), obwohl dieser Aspekt in der Vergangenheit sozialer Bewegungen im Iran eine hohe Relevanz einnahm. Der Israelkonflikt ebenso wie die Bedrohung durch einen islamischem Fundamentalismus im Iran werden in keinem signifikanten Umfang aufgegriffen (vgl. sueddeutsche.de 13.06.09; sueddeutsche.de 14.06.09a; sueddeutsche.de 16.06.09a; Süddeutsche Zeitung 18.06.09b; SpiegelOnline 12.06.09; Der Spiegel 26/2009a; Der Spiegel 27/2009).

Insgesamt fällt in der Feinanalyse (vgl. auch 8.2) eine grundsätzlich positive Haltung gegenüber der iranischen Opposition bzw. der Grünen Bewegung und der Nutzung neuer Kommunikationstechnologien auf. In der Regel sind drei Akteursgruppen in den Artikeln auszumachen: Anhänger des Regimes, Anhänger der Opposition und Anhänger der internationalen bzw. westlichen Weltöffentlichkeit, wozu an erster Stelle Medienakteure zählen. Im Allgemeinen erfolgt eine Gegenüberstellung von Sympathisanten des Regimes und der Opposition, wobei letztere auch die internationale Weltöffentlichkeit einschließen. Während hierbei die Seite des Regimes vor allem durch gesichtslose Institutionen und Organisationen sowie anonyme Akteursgruppen und Einzelakteure verkörpert wird, finden sich in der Darstellung der Opposition, internationalen Öffentlichkeit und Medienakteure vielfach konkrete Einzelpersonen und -akteure, die namentlich benannt werden und zu denen ein persönlicher Bezug hergestellt wird. Es findet zwar nur selten eine klare Positionsbeziehung für die iranische Opposition statt, aber durch eine sympathische und menschliche Repräsentation sowie die Verwendung der Pronomina

„wir" und „unser" in ihrem Kontext erfolgt eine implizite Sympathisierung mit dieser Seite.

In Hinblick auf das abgebildete Gesellschaftsverständnis in den Artikeln der Feinanalyse ist festzuhalten, dass autoritäre/diktatorische Regime der Demokratie gegenübergestellt werden, wobei letztere als die anzustrebende Staatsform dargestellt wird. Der Iran wird dabei als ein Land präsentiert, in dem eine weitgehende Unterdrückung der Bevölkerung herrscht. Das iranische Regime behindert im Streben seine Machtposition aufrechtzuerhalten nicht nur die Kommunikations-, Meinungs- und Pressefreiheit, sondern vollzieht auch fundamentale Bürger- und Menschenrechtsverletzungen und verfolgt in seiner Interessensdurchsetzung einen internationalen Konfrontationskurs. Staat und Zivilgesellschaft werden als oppositionelle Größen abgebildet, wobei letztere bei Unzufriedenheit ersteren herausfordert. Entsprechend wird ein Menschenbild eines politisch aktiven und demokratisch orientierten Bürgers gezeichnet, der für seine Rechte und seine Freiheit kämpft.

Des Weiteren wird die heutige Gesellschaft als modern und hochtechnologisiert präsentiert. Demgemäß beinhaltet auch das Menschenbild einen technikaffinen, aber ebenso technikabhängigen Menschen. Das zugrundeliegende Technikverständnis betont überwiegend die positiven Potentiale der neuen Medien. Gleichzeitig werden aber die Risiken der Nutzung neuer Medien in Hinblick auf Authentizitäts- und Parteilichkeitsfragen aufgezeigt. Hinsichtlich eines vermeintlichen Technikdeterminismus und damit zusammenhängenden Cyber-Utopismus ist festzuhalten, dass den neuen Medien zwar eine revolutionäre Kraft zugeschrieben wird, diese jedoch nicht uneingeschränkt und bedingungslos zugestanden wird. So werden nicht nur mitschwingende Gefahren der Nutzung benannt, sondern es wird auch konstatiert, dass es für eine Revolution weiterer Voraussetzungen bedarf als der bloßen Aneignung neuer Medienkommunikationsformen. Wie sich dieses Technikverständnis speziell in Bezug auf das Mobiltelefon und hinsichtlich seiner Diskurseinbettung zeigt, wird im nächsten Abschnitt betrachtet.

6.3 Diskurseinbettungen und Kollektivsymboliken zur Mobiltelefonnutzung während Irans Grüner Bewegung

6.3.1 Das Mobiltelefon: eine Waffe gegen ein repressives Regime?

Betrachtet man die Berichterstattung des Spiegels und der SZ zur Mobiltelefonnutzung während Irans Grüner Bewegung auf der Diskursebene, lässt sich eine Dominanz der *Überwachungs- und Kontrollthematik* vermerken. Im Kontext der Blockierung oder Störung des Mobilfunknetzes, um die Kommunikationsmöglichkeiten der iranischen Bevölkerung, die Organisationsmöglichkeiten der Grünen Bewegung und eine freie Berichterstattung zu behindern, ist z. B. von einem „Aufstand der Abgeschotteten" (SpiegelOnline 16.06.09) die Rede. Damit wird gleichzeitig auf die ebenfalls häufig angeschnittene *Sicherheitsthematik* verwiesen. Angesichts der massiven Repressionen seitens des iranischen Regimes, das seine Vormachtstellung mit allen Mitteln zu verteidigen sucht, geht es dabei vor allem um die nationale Sicherheit des Irans, die durch die Mobiltelefonnutzung der Aufständischen gefährdet wird. In zwei Fällen wird anknüpfend an die Frage der nationalen Sicherheit im Kontext der durch Nokia-Siemens an den Iran verkauften Internet- und Mobilfunküberwachungstechnologie auch die *Terrorthematik* eingeführt. Die Möglichkeit der Mediennutzung für terroristische Aktivitäten wird allerdings explizit nur für das Internet eingeräumt (vgl. Der Spiegel 26/2009b).

In Hinblick auf die Behinderung der nationalen und internationalen Berichterstattung wird die abgeschottete Situation im Iran auch als „gekappter Draht zum Westen" (sueddeutsche.de 14.06.09b) beschrieben, womit ein symbolischer Bezug zur technischen Entwicklungsgeschichte des Mobiltelefons hergestellt wird. Trotz der restriktiven Maßnahmen des Regimes wird das Mobiltelefon jedoch aufgrund seiner Foto- und Filmfunktion zu einem „Instrument des Widerstands" (SpiegelOnline 01.07.09b) stilisiert, mit dem der „Informationsfluss" (ebd.) gemeinsam mit dem Internet aufrechterhalten werden kann, auch wenn „das Fenster zur Welt [...] immer kleiner [wird]" (ebd.), durch das Bilder und Videos nach außen dringen können.

In der deutschen Berichterstattung ist damit ebenfalls die *Öffentlichkeitsthematik* allgegenwärtig. Zum einen wird in diesem Zusammenhang die Beschränkung des freien Zugangs zur Öffentlichkeit durch das iranische Regime angesprochen; zum anderen wird das Potential des Mobiltelefons hervorgehoben, in einem repressiven Staat die Herstellung von Öffentlichkeit zu ermöglichen. Dabei zeigt sich auch eine Verbindung zur bereits erwähnten Sicherheitsthematik, wenn die durch das neu geschaffene, „weltweite Netz" (sueddeutsche.de 14.06.09b) von „dramatischen Bildern" (ebd.) hergestellte Öffentlichkeit zum Garanten von Sicherheit für die Protestteilnehmer wird: „Und Öffentlichkeit schafft auch ein gewisses Maß an Sicherheit – die Netzgemeinde achtete darauf, dass keiner der Teilnehmer aus Teheran einfach spurlos verschwindet" (ebd.).

Stark akzentuiert wird dabei die Schnelligkeit, mit der die Handybilder öffentlich wurden und die ganze Welt erreichten. So heißt es im Zusammenhang des Handyvideos von Nedas Tod: „Keine 24 Stunden dauerte es, bis ihr [Nedas; Anm. MM] gewaltsamer, zufällig von einer Handykamera aufgezeichneter Tod im Internet von Millionen von Menschen weltweit angesehen und diskutiert wurde" (sueddeutsche.de

24.06.09c). Mit der Hervorhebung dieses Aspekts lässt sich die entwicklungshistorische Verbundenheit von Mobiltelefon und Automobil erkennen, da das Mobiltelefon hier mit dem symbolischen Gehalt der Geschwindigkeit belegt wird.

Der in dieser Textpassage implizierte Bürgerjournalismus, dessen Produkte als „Amateurquellen" (SpiegelOnline 18.06.09a) und „verwackelte[...] Handy-Aufnahmen" (Süddeutsche Zeitung 09.07.09b) beschrieben werden, verweist des Weiteren auf die Entprofessionalisierungsthematik. Diese erfährt eine ausführliche Berücksichtigung im Hinblick der mangelnden Vertrauenswürdigkeit und nicht-belegbaren Authentizität der Handyaufnahmen. Hier wird z. B. in einer ambivalenten Natursymbolik, wie sie bereits in Kapitel drei identifiziert werden konnte, von einer „Flut von Bildern" (Süddeutsche Zeitung 18.06.09b) gesprochen, die „ins kollektive Bewusstsein [drängen], die als Beweisstücke empfunden werden, [...] obwohl ihre Echtheit niemals überprüft werden kann" (ebd.). Ohne explizit thematisiert zu werden, finden sich auch Bezüge zur Gefahr der Falschinformation durch die schwierige Überprüfbarkeit der Handybilder. So wird in einem Artikel die erschossene Neda Agha-Soltan als Neda Soltani benannt (vgl. sueddeutsche.de 22.06.09d). In zwei weiteren Artikeln zu diesem Vorfall sind außerdem Anmerkungen der Redaktion vorhanden, dass dort ursprünglich Fotos enthalten waren, die nicht Neda Agha-Soltan zeigten (vgl. SpiegelOnline 29.06.09; SpiegelOnline 30.07.09).

Ebenso wird aber auf die Notwendigkeit für traditionelle Nachrichtenmedien hingewiesen, auf dieses Material zurückzugreifen:

> Und doch bringen die Bilder und Videos aus den Handy-Kameras iranischer Demonstranten die altbekannten Probleme mit sich: Wo eine Aufnahme genau entstanden ist, was man darauf tatsächlich sieht, ist zuweilen schwer auszumachen. Gleichzeitig ist die gesamte internationale Medienlandschaft mittlerweile schlicht angewiesen auf das Material aus den einst mit so viel Skepsis betrachteten Amateurquellen – denn andere Bilder gibt es aus dem Land praktisch nicht mehr, und die Welt lechzt danach. (SpiegelOnline 18.06.09a)

Auffällig ist in dieser Textpassage, dass mit der Interpretation dieser Amateur-Problematik als altbekannt eine nicht hinterfragbare Gegebenheit derselben unterstellt wird. Mit der Konstatierung, dass die Welt trotz einer mangelnden Überprüfbarkeit nach diesen Bildern verlange, wird dabei die Verantwortlichkeit für die Verwendung dieser Bilder von den traditionellen Nachrichtenmedien auf das Publikum verschoben. An anderer Stelle wird in diesem Kontext auch auf die komplementäre Beziehung von alten und neuen Medien verwiesen, wenn hier eine „neue Symbiose" (ebd.) festgestellt wird, oder zwar die Abhängigkeit von diesen Bürgerquellen eingeräumt, den ‚alten' Medien nun aber eine andere wichtige Aufgabe zugesprochen wird: „Sie bündeln, verifizieren und verdichten die unzähligen Informationsbruchstücke, ordnen und analysieren, um so ein möglichst akkurates Bild zu liefern" (Süddeutsche Zeitung 18.06.09b). Letztlich wird dabei eine wechselseitige Abhängigkeit alter und neuer Medien gesehen, wenn erstere als „Mutterschiffe" (ebd.) stilisiert werden, „um welche die neuen Medien wie digitale Schnellboote herumflitzen" (ebd.).

Im Rahmen des durch das Mobiltelefon ermöglichten Bürgerjournalismus werden zudem Verbindungen zur *Gefahr der Ungleichheit und Diskriminierung* sowie zur *Partizipations- und Demokratisierungsthematik* hergestellt. So werden die neuen Technologien des Fotohandys und Internets als Robin-Hood-Medien idealisiert, die den „Traum vom Bürgermedium" (sueddeutsche.de 17.06.09; Süddeutsche Zeitung 18.06.09a) und von „Offenen Kanälen" (ebd.) wahrmachen. Die neuen Medien zeichneten sich gerade dadurch aus, dass sie aufgrund ihrer Billig- und Hierarchielosigkeit vor allem in Diktaturen eine bedeutende Rolle einnehmen. Die Bezugnahme auf Robin Hood – der „Beschützer der Armen und Unterdrückten" (Carpenter 1995) – weist im Zusammenhang der Mobiltelefonnutzung während Irans Grüner Bewegung dabei zum einen auf den Aspekt der sozialen Gerechtigkeit hin, die es im Iran angesichts einer herrschenden sozialen Ungleichheit zu erreichen gilt. Zum anderen wird auf das ungleiche Machtverhältnis zwischen den iranischen Bürgern und dem iranischen Regime angespielt, das durch die neuen Medien in partizipativere und demokratischere Verhältnisse überführt wird. Damit wird die breitere Teilhabemöglichkeit der Bevölkerung an der öffentlichen Kommunikation angedeutet, die einen ermächtigenden Effekt mit sich bringt.

Im Zusammenhang der neuen Möglichkeiten zur Herstellung von Öffentlichkeit ist im gleichen Artikel ein Bezug zur *Freiheits- und Emanzipationsthematik* auszumachen, wenn dissidente Handynutzer als Piraten betitelt werden:

> Auch Mahmud Ahmadinedschad [...], wurde schon Opfer von Handy-Piraten. Bei einer Versammlung in halb-offiziellem Rahmen nahm ein Teilnehmer eine Ahmadinedschad-Rede mit dem Mobiltelefon auf. Der Präsident machte dabei die seltsame Bemerkung, einem 16-jährigen iranischen Mädchen sei es gelungen, allein mit Küchenutensilien Nuklearenergie zu erzeugen. Bild und Ton des Auftritts wurden über Handys weit verbreitet – was Ahmadinedschad ziemlich lächerlich erscheinen ließ. (sueddeutsche.de 17.06.09; Süddeutsche Zeitung 18.06.09a)

Das Mobiltelefon wird hier Teil einer oppositionellen Handlung gegen eine Obrigkeit, die durch den Bezug zum Piraten-Mythos einen nach Freiheit und Unabhängigkeit strebenden Impetus erhält (vgl. hierzu Zavarsky 2009: 16). Das Handy wird an anderer Stelle außerdem als ein signifikantes Element der iranischen Freiheitsbewegung impliziert, wenn eine Bilderserie mit der Bilderunterschrift „Freiheitsbewegung in Teheran" (Der Spiegel 29/2009) betitelt und darin eine Aufnahme einer Masse demonstrierender Handy-Fotografen abgebildet wird.

Diese signifikante Bedeutung des Mobiltelefons im Freiheitskampf der Grünen Bewegung wird durch die Verschränkung mit einer *Konfliktthematik* weiter verstärkt. So heißt es in einem Artikel: „Internet und Handys mit Kamera sind die mächtigsten Waffen der Opposition" (sueddeutsche.de 22.06.09d). So könne das Regime zwar die ausländische und kritische Berichterstattung unterdrücken,

> gegen den Einsatz von Mobiltelefonen mit Kameras, der [!] Verbreitung von Filmen und Informationen über YouTube, Facebook und Twitter [ist] das Regime aber bislang machtlos. [...] Die wackeligen Bilder fördern zutage, was die Regierung gerne verheimlichen würde. (ebd.)

Die bedeutendsten Eigenschaften des Mobiltelefons im Rahmen Irans Grüner Bewegung sind damit die Herstellung einer Gegenöffentlichkeit und die Aushebelung der repressiven und zensorischen Maßnahmen der iranischen Regierung. Eine explizite Thematisierung findet hierbei die unterschwellig omnipräsente Aushandlung von Macht und Gegenmacht. Diese spannt sich um einen Machtkampf zwischen dem iranischen Staat und der iranischen Bevölkerung auf, die mit dem Fotohandy und Internet ein wirksames Mittel für ihren Widerstand erhalten hat. In diesem Zusammenhang wird z. B. bemerkt, dass „das Regime [...] die Möglichkeiten und die Macht neuer Medien unterschätzt [hat]" (ebd.) oder es wird in der Bildunterschrift einer Abbildung Chameneis provokativ gefragt: „Revolte nach der Wahl – Wer hat die Macht in Iran?" (ebd.).

Im Kontext der Konfliktthematik und einer Kriegs- und Militärsymbolik wird die euphorische Einschätzung des Potentials des Mobiltelefons jedoch auch relativiert, indem betont wird: „‚Waffen schlagen Mobiltelefone'" (Der Spiegel 26/2009b). Hier wird auch angeführt, dass das iranische Regime über eine „ebenso günstige[...] wie wirkungsvolle[...] Waffe" (ebd.) verfüge wie die Opposition: durch E-Mails verbreitete Verunsicherung und Angst. Damit wird an das *Gegenbild des Cyber-Utopismus* angeknüpft, in dem eine enge diskursive Verzahnung zwischen Mobiltelefon und Internet festzustellen ist. Dabei wird nicht nur das Bild des Cyber-Utopismus in erster Instanz auf das Internet bezogen, sondern auch die gegenüberstehende *Medienrevolutionsthematik*. Häufig sind zwar Verweise auf eine stattfindende „digitale Revolution" (ebd.) im Iran zu finden, dabei geht es aber vor allem um die „‚revolutionäre Kraft des Internets'" (ebd.) und im Speziellen um Twitter, wenn von einer „140 Zeichen Revolution" (sueddeutsche.de 17.06.09; Süddeutsche Zeitung 18.06.09a) oder auch explizit von einer „Twitter Revolution" (sueddeutsche.de 22.06.09d) die Rede ist. Auf das Mobiltelefon wird in diesem Kontext nur insoweit

Bezug genommen, als dass es den Zugriff auf Twitter ermöglicht oder mit ihm aufgenommene Videos auf Internetportalen veröffentlicht werden:

> Per Computer oder Mobiltelefon beschreiben Twitter-Nutzer in Iran die aktuellen Entwicklungen in kurzen Textnachrichten, die in kürzester Zeit um die ganze Welt gehen. [...] Mit Kameras oder Handys gedrehte Filme werden teils ungeschnitten über Videoportale, für jedermann weltweit zugänglich, ins Internet gestellt. (Der Spiegel 26/2009b)

Gleichermaßen beziehen sich vorhandene Verweise auf die *Fortschrittsthematik* in erster Linie auf das Internet, wenn zu lesen ist: „Das Internet beschleunigt die Welt" (sueddeutsche.de 24.06.09c), oder Twitter als „potente[r] Multiplikator in der digitalen Welt" (Süddeutsche Zeitung 01.10.09) bestimmt wird.

Generell ist die Berichterstattung von den positiven Effekten der neuen technologischen Möglichkeiten gekennzeichnet, die die iranische Bevölkerung befähigt, sich gegen das repressive Regime aufzulehnen. Dies bildet sich auch in der eingesetzten Kollektivsymbolik zum Mobiltelefon ab, die sich wie die in Kapitel drei identifizierte nicht nur im Technik- und Sozialbereich als überwiegend positiv besetzt zeigt, sondern auch allgemein überwiegend positive Symbole aufweist (vgl. Tabelle 2). Das einzige negative Symbol stellt im Technikbereich der/das gekappte Draht/Netz dar; im Sozialbereich ist kein negatives Symbol auszumachen. Allein negativ besetzte Symbole weist der Naturbereich auf (Katz-und-Maus-Spiel und Flut an Bildern); das einzige ambivalente Symbol liegt im Militär-und Kriegsbereich, wenn das Handy als Waffe verbildlicht wird. Auch diese Befunde korrespondieren mit der Ausrichtung der Kollektivsymbolik in Kapitel drei.

Nach der Häufung der angeschnittenen Themenbereiche im Artikelkorpus lässt sich in der Diskursverschränkung Mobiltelefon/soziale Bewegungen im Kontext Irans Grüner Bewegung vor allem eine Einbettung in eine Kontroll- und Überwachungs-, Sicherheits- sowie Konfliktthematik feststellen. Eine ebenfalls sehr hohe Signifikanz weisen die Freiheits- und Emanzipations-, Partizipations- und Demokratisierungs-, Öffentlichkeits- sowie Entprofessionalisierungsthematik auf. Eine starke Thematisierung erfährt ferner die Aushandlung von Macht und Gegenmacht, die explizit auch mit der Mobiltelefonnutzung in sozialen Bewegungen in Verbindung gebracht wird. Weniger häufig werden im Artikelkorpus die Themenbereiche der Medienrevolution, des Terrors, der Ungleichheit und Diskriminierung, des Fortschritts und des Cyber-Utopismus aufgegriffen (vgl. Tabelle 3).

Tabelle 2: Übersicht der vorgefundenen Kollektivsymboliken im Artikelkorpus

Technik		Natur		Sozialbereich		Militär/Krieg	
Positiv	negativ	positiv	negativ	positiv	Negativ	positiv	negativ
digitale Schnellboote	gekappte/r Draht/Netze		Katz-und-Maus-Spiel	Fenster zur Welt		mächtigste Waffe	
Triebfedern			Flut von Bildern	Handy-Piraten			
Abschottung durch-brechen				Jeanne d'Arc Irans			
Instrument des Widerstands				offene Kanäle			
				Robin-Hood-Medien			
+4 +/-0 -1		+0 +/-0 -2		+ 5 +/-0 -0		+0 +/-1 -0	

Tabelle 3: Übersicht der Strukturanalyse – Auftreten der Thematiken im Artikelkorpus nach Medium und Gesamthäufigkeit

Nr.	Thematik	Süddeutsche Zeitung	Der Spiegel	Gesamt	Verschränkung zu Thema Nr. ...
1	Konflikt	43	19	62	
2	Kontrolle/Überwachung	33	14	47	3 / 10
3	Sicherheit	26	20	46	2 / 10
4	Freiheit/Emanzipation	23	16	39	
5	Öffentlichkeit	24	11	35	8
6	Macht	21	12	33	11
7	Partizipation/Demokratisierung	20	12	32	
8	Professionalisierung	16	6	22	5
9	Medienrevolution	8	4	12	13 / 14
10	Terror	7	4	11	2 / 3
11	Wissen	4	3	7	6
12	Ungleichheit/Diskriminierung	4	2	6	
13	Fortschritt	3	2	5	9 / 14
14	Cyber-Utopismus	1	0	1	9 / 13

6.3.2 Das Handyvideo und Nedas Tod: emanzipative, demokratisierende und befreiende Effekte der Mobiltelefonnutzung

Wie bereits erwähnt, intensiviert sich im Kontext von Nedas Tod die Thematisierung der Rolle des Mobiltelefons für die Grüne Bewegung, wobei sich diese vor allem auf die Signifikanz von Handybildern und deren Verbreitung über YouTube und Facebook fokussiert. In Hinblick auf die Bedeutung des Handyvideos von Nedas Tod für Irans Grüne Bewegung werden dabei drei Aspekte in der deutschen Berichterstattung besonders hervorgehoben: die Mobilisierung weltweiter Solidarität durch die Herstellung von Öffentlichkeit, die Ikonisierung Nedas und daraus resultierende ideologische Stärkung der Bewegung und die Rolle der

Frauen in der Bewegung. Diese Aspekte werden im Folgenden in zwei Schritten behandelt. Als erstes wird der solidarisierende Moment der Öffentlichmachung von Nedas Tod durch das verbreitete Handyvideo betrachtet. Als zweites wird die Ikonisierung Nedas und die Rolle der Frauen in Irans Grüner Bewegung untersucht, da diese Aspekte eine enge Verbindung in der Berichterstattung aufweisen.

6.3.2.1 Die Stimme Nedas: Mobilisierung weltweiter Solidarität durch die Herstellung von Öffentlichkeit

Der Tod von Neda im Zuge der Proteste in Teheran wurde durch die weltweite Verbreitung des Handyvideos und der Handybilder von diesem Vorfall über das Internet zu einem öffentlichen Ereignis (vgl. sueddeutsche.de 22.06.09d). Besonders prägnant ist ein solidarisierender Moment, in dem die internationale Reaktion als Berührung oder Erschütterung beschrieben wird (vgl. sueddeutsche.de 25.06.09; SpiegelOnline 30.07.09). Dies stellt nicht nur eine Bestandsaufnahme der internationalen Gefühlslage dar, sondern fordert zugleich eben diese emotionale Haltung von den deutschen Lesern. Auffällig ist auch die positive Beurteilung des internationalen Mitgefühls, indem dieses als unterstützend für Nedas Angehörigen und damit implizit für die Anhänger der Bewegung bestimmt wird. So heißt es in einem Artikel, der Nedas Mutter zu Wort kommen lässt: „Die weltweite Anteilnahme mache sie [Nedas Mutter; Anm. MM] stolz und helfe ihr" (sueddeutsche.de 05.11.09).

Verstärkt wird der solidarisierende Effekt durch eine gleichzeitige Betonung des direkten Miterlebens mittels des aufgezeichneten Handyvideos: „Als Neda von einer Kugel getroffen in Teheran starb, schaute die Welt erschüttert zu. [...] Das Video ging noch am Abend von Nedas Tod online, in den folgenden Tagen sahen es Millionen Menschen weltweit" (SpiegelOnline 30.07.09). Damit wird ein Bezug zu der zuvor angeführten Macht des Jetzt des Foto-Handys hergestellt, das in Verbindung mit dem Internet nicht nur die weltweite Teilhabe an diesem Ereignis ermöglicht, sondern auch durch das Gefühl der Unmittelbarkeit die Solidarität und Sympathie der internationalen Bevölkerung für die Ziele der Grünen Bewegung sicherstellt.

Die Nutzung des Mobiltelefons zum Filmen und Fotografieren während der Protestaktionen nach dem Vorfall von Nedas Tod wird dabei als mutiger Akt des Widerstandes stilisiert, der mit einem Risiko für „Leib und Leben" (SpiegelOnline 01.07.09b) einhergeht. Ebenso werden die Bürgerjournalisten selbst in diese Thematik eingebunden, wenn es im gleichen Artikel lautet: „Handy-Fotografen riskieren Prügel" (ebd.). Der Tod von Neda wirkt diesbezüglich sowohl als Beweis der im Iran herrschenden Gefahr für und Gewalt gegen Demonstranten als auch als

Zeugnis des Willens der iranischen Bevölkerung seine Forderungen gegen das repressive Regime durchzusetzen. Dadurch wird die emotionale Unterstützung dieser zu einem erstrebenswerten und moralisch legitimierten Gut.

Hinzu kommt eine explizite Betonung des gewaltsamen Aspekts von Nedas Tod, was gemeinsam mit der Vermutung, dass Neda Opfer eines regimetreuen Milizen geworden sei, das brutale Vorgehen der iranischen Regierung gegen die eigene Bevölkerung unterstreicht. In diesem Zusammenhang wird von der „niedergeschossene[n] Neda" (SpiegelOnline 30.07.09) gesprochen oder davon, dass sie „auf dem Asphalt von Teheran verblutet, nachdem ihr angeblich ein brutaler Bassidschi-Milizionär in den Kopf geschossen hat" (Süddeutsche Zeitung 23.06.09a). Auch wird explizit darauf verwiesen, dass Neda „der Brutalität des Regimes ein Gesicht gegeben [hat]" (SpiegelOnline 21.06.09). Die solidarisierende Wirkung wird außerdem durch eine dramatisierende Wortwahl weiter gesteigert, die die Berichterstattung emotional auflädt. So ist von „dramatischen Bildern vom Sterben einer jungen Iranerin" (sueddeutsche.de 22.06.09d), von „verstörenden Bildern" (SpiegelOnline 29.06.09) oder von Bildern „ihres blutüberströmten Gesichts" (Der Spiegel 29/2009) die Rede. Auch wird die Videoaufnahme detailliert wiedergegeben, wobei das Dramatische der Handlung besonders hervorgehoben wird:

> Eine junge Frau sinkt rückwärts auf den Asphalt einer Straße, die dunkle Blutlache unter ihrem Körper wird größer und größer. Männer knien neben der Frau, drücken auf ihren Brustkorb, schreien. Die Handy-Kamera, mit der das Video aufgenommen zu sein schein, zoomt auf das Gesicht der Frau. Ihre Augäpfel rollen zur Seite, dann strömt Blut aus Mund und Nase. „Hab keine Angst Neda! Bleib bei mir. Neda, bleib bei mir!" schreit ein Mann, ein anderer ruft, „Such jemanden, der sie im Auto mitnimmt!" – dann reißt das Bild ab. (SpiegelOnline 21.06.09)

Auf der bildlichen Ebene wird diese Darstellung durch Standbilder aus dem Video verstärkt, die Neda zu Boden sinkend (vgl. ebd.) oder bereits am Boden liegend zeigen, während auf dem Asphalt unter ihr Blut auszumachen ist (vgl. sueddeutsche.de 22.06.09d; Der Spiegel 29/2009). Im Zusammenspiel der sprachlichen und bildlichen Ebene kann somit von einer deutlichen Förderung der internationalen Solidarität für die iranische Protestbewegung und gegen das iranische Regime im Kontext des öffentlichen Todes von Neda durch Mobiltelefon und Internet ausgegangen werden.

Im Rahmen der Möglichkeiten, die die neuen Medien Mobiltelefon und Internet im Kontext sozialer Bewegungen eröffnen, wird dabei ein Satz in der Berichterstattung aufgegriffen, der häufig auf sozialen Plattformen zu lesen war: „‚Sie haben Neda getötet, aber nicht ihre Stimme'" (SpiegelOnline 21.06.09; sueddeutsche.de 22.06.09d). An anderer Stelle wird dabei die Bedeutung von Neda mit Ruf oder Stimme angegeben (vgl. Süddeutsche Zeitung 23.06.09c) und berichtet, dass Internetnutzer auf sozialen Netzwerken ihre Profil-Bilder durch Nedas Bild oder ihren Profil-Namen durch Nedas Namen (vgl. sueddeutsche.de 05.11.09) ersetzt haben. Diesbezüglich erhält dieser Satz zum einen dahingehend besonderes Gewicht, dass Neda durch die Öffentlichkeit der neuen Medien und getragen durch die Grüne Bewegung weiterzuleben scheint. Zum anderen wird gemeinsam mit den immer wieder thematisierten englischen Aufschriften der Protestplakate ‚Where is my vote?', die mit ‚Wo ist meine Stimme?' übersetzt werden (vgl. u. a. Süddeutsche Zeitung 15.06.09a; Der Spiegel 29/2009), auf einen partizipativen und demokratisierenden sowie emanzipativen und befreienden Effekt der neuen Medien – und im Kontext des Todes von Neda vor allem des Handyvideos – verwiesen. Dies erfolgt durch das Implizieren, dass es gerade diese Technologie ist, die der unterdrückten iranischen Bevölkerung in einer Situation der kommunikativen Abgeschnittenheit ihre Stimme zurückgibt und für die internationale Öffentlichkeit hör- und sichtbar macht. Damit zeigt sich hier nicht nur eine Einbettung in die *Öffentlichkeits-*, sondern auch in die *Partizipations- und Demokratisierungsthematik* sowie die *Emanzipations- und Freiheitsthematik*, wobei die Mobilisierung der internationalen Solidarität für die Ziele und den Protest der iranischen Opposition an die Öffentlichkeit durch Mobiltelefon und Internet geknüpft wird.

6.3.2.2 Die Ikonisierung Nedas und die Frauen in Irans Grüner Bewegung

Auch in Hinblick auf den zweiten Gesichtspunkt – der stattgefundenen Ikonisierung Nedas – findet eine Verbindung zwischen der Herstellung von Öffentlichkeit und den Aspekten der Demokratisierung und Freiheit statt. Die Ikonisierung Nedas wird dabei explizit dem Handyvideo von ihrem Tod zugeschrieben, das über das Internet verbreitet wurde und ihren Tod zu einem öffentlichen Ereignis machte:

> Das Video ihres Todes macht sie [Neda; Anm. MM] zur YouTube-Ikone, zum Symbol des Widerstands, Tausende Demonstranten tragen in den folgenden Tagen das Foto ihres blutüberströmten Gesichts auf die Straße. (Der Spiegel 29/2009)

> Ein mit dem Handy gefilmtes Video, das den Tod der 27 Jahre alten Demonstrantin zeigt, war um die Welt gegangen und hatte sie zur Ikone des Widerstands in Iran gemacht. (SpiegelOnline 29.06.09)

Neda wird in diesem Kontext zur „Symbolfigur des Protests gegen das iranische Regime, das sie getötet haben soll" (SpiegelOnline 30.07.09) stilisiert. Verwiesen wird insbesondere auf das Martyrium[55], das Neda im Streben nach Freiheit und Demokratie auf sich genommen hat. Einerseits wird hierbei konstatiert, dass sie „eine leidenschaftliche Anhängerin der Revolte" (sueddeutsche.de 24.06.09c) war. Andererseits wird mit Rückgriff auf die Aussage eines Angehörigen wiedergegeben: „Neda habe keine Angst gehabt, an den Protesten teilzunehmen. ‚Sie hat immer nur gesagt, dass sie eine Sache wollte: Sie wollte Freiheit und Demokratie für das iranische Volk'" (ebd.). In gleicher Weise wird sie auch explizit als „Märtyrerin der Opposition in Iran" (SpiegelOnline 21.06.09) benannt.

Eng zusammen hängt damit ein identitätsstiftendes Moment für die Anhänger der Grünen Bewegung. Dies bildet sich z. B. in Aussagen in der Berichterstattung ab, die Neda als das „Gesicht des Widerstandes" (sueddeutsche.de 25.06.09) beschreiben oder den Ausspruch „‚Ich bin Neda'" (SpiegelOnline 21.06.09) zum neuen „Slogan der Protestbewegung" (ebd.) erheben, der an Stelle von Profilbildern der Anhänger in sozialen Netzwerken zu lesen ist. Nedas öffentlicher Märtyrertod wird somit implizit eine Identifikationsmöglichkeit zugeschrieben, die eine Stärkung der kollektiven Identität der Grünen Bewegung und ihres ideologischen Unterbaus nach sich zieht, indem Neda als Opfer des Kampfes der Grünen Bewegung für Freiheit und Demokratie dargestellt wird.

Der symbolische Gehalt Nedas Märtyrertums wird dadurch weiter aufgeladen, dass sie als „Jeanne d'Arc Irans" (ebd.) bezeichnet wird. In Hinblick auf den Mythos um die Johanna von Orléans wird hiermit nicht nur der Widerstand gegen Obrigkeiten symbolisch auf Neda und Irans Grüne Bewegung übertragen, sondern auch der Kampf für Recht und Freiheit sowie für Frieden und Gerechtigkeit (vgl. Heilig 2008: 20; Schäfer 2011; Rieger/Breithecker/Wodianka 2003: 152). Dies wird mit den Zielen

---

[55] Das Märtyrertum besitzt im zwölferschiitischen Glauben eine besondere Signifikanz, die auf das Martyrium des dritten Imams Hussein im 7. Jahrhundert zurückgeht, dem noch heute in den Ashura-Feierlichkeiten gedacht wird. Nach der Zwölferschia sind alle Imame bis auf den zwölften eines gewaltsamen Todes gestorben und haben unschuldig Leid ertragen, weshalb sie als Märtyrer gelten. Während der Islamischen Revolution wurde das rituelle Selbstopfer am Ashura-Tag in einen revolutionären Kampf umgedeutet, der, wenn notwendig, den Märtyrertod einschloss (vgl. Gronke 2009: 24 u. 107). Während des Iran-Irak-Krieges gelang es Chomeini dann, den Märtyrerkult militärisch zu nutzen, indem Soldaten (oftmals noch Kinder) damit zum selbstmörderischen Einsatz an der Front motiviert wurden (vgl. Schweizer 2005: 323ff.). Wie Gronke bemerkt, sind „die Bereitschaft zum Selbstopfer, verbunden mit der Klage über das Schicksal der Imame, [...] bis heute die hervorstechendsten Merkmale der zwölferschiitischen Religiosität geblieben" (2009: 24).

der Grünen Bewegung in Verbindung gesetzt, die durch diesen Rekurs auf eine kollektive Mythenfigur der westlichen Kultur interkulturelle Legitimität erhalten. Dem Handyvideo von Nedas Tod kommt in dieser Interpretation dabei eine besondere Funktion zu, da erst seine weltweite Verbreitung Neda den Status einer ikonisierten Märtyrerfigur verleiht, der diesen Bezug zulässt.

Zusätzlich zu den bisher identifizierten Diskurseinbettungen wird mit dem Bezug auf den Kampf für Gerechtigkeit somit auf die Thematik der *Ungleichheit und Diskriminierung* verwiesen. Im Zusammenhang mit dem Mythos der Johanna von Orléans, der sie als eine „emanzipierte Kämpferin" (ebd.) inszeniert, wird hierbei vor allem auf die im Iran herrschende Frauendiskriminierung[56] angespielt. In Hinblick auf den dritten bedeutsamen Gesichtspunkt in Zusammenhang mit Nedas Tod wird damit innerhalb der deutschen Berichterstattung die emanzipierte Rolle der Frauen in Irans Grüner Bewegung sowie ihr Streben nach mehr Freiheit betont. Neda, und im übertragenen Sinn die Frauen Irans Grüner Bewegung, setzen sich wie das historische Vorbild für ihre Ideale und für politische Veränderung ein (vgl. Heilig ebd.). Dies belegt auch ein aufgegriffenes Twitter-Zitat: „‚Es brauchte nur eine Kugel, um Neda zu töten. Es braucht nur eine Neda, um die iranische Tyrannei zu stoppen'" (Spiegel-Online 21.06.09).

Wie bereits in Kapitel fünf angedeutet wurde, zog Nedas Tod eine Feminisierung der Grünen Bewegung in der Berichterstattung nach sich. Ein Ausdruck dieser Feminisierung ist die auffällig häufige Repräsentation junger gutaussehender, haarzeigender und westlich-orientierter Protestteilnehmerinnen in der visuellen Berichterstattung, in die sich Neda mit ihrer Erscheinung einreiht. Dies wird auch auf der Textebene eingehend behandelt:

> Die junge iranische Frau in Jeans, schwarzem T-Shirt und schwarzem Kopftuch bricht auf der Straße zusammen, ihr Kopf schlägt auf den Asphalt, die Augen hat sie weit offen, nach oben verdreht. Blut schießt erst aus dem Mund, dann aus der Nase, überströmt das bleiche Gesicht. [...] Dazu passt, dass sie jung und weiblich ist. Über die Hälfte der Demonstranten seien weiblich, heißt es. Zudem seien es meist Frauen, die die Protestzüge anführten. (SZ 29)

Betont wird in dieser Textpassage die führende Rolle von Frauen während der Protestaktionen, die sich auch auf der bildlichen Ebene mit Aufnahmen von Demonstrantinnen fortsetzt, die in aktiver Gestik ihre Mobil-

---

56 Vgl. hierzu auch die Artikel auf sueddeutsche.de vom 14.07.2009 und in der Süddeutschen Zeitung vom 15.07.2009, in denen explizit die Diskriminierung von Frauen im Iran angeführt wird.

telefone während der Proteste einsetzen (vgl. u. a. sueddeutsche.de 17.06.09; Süddeutsche Zeitung 18.06.09a; Der Spiegel 26/2009a; Der Spiegel 26/2009b; SpiegelOnline 01.07.09b). Die aktive Beteiligung der abgebildeten Protagonistinnen wird hierbei an das Mobiltelefon gebunden, womit im Kontext der *Freiheits- und Emanzipationsthematik* der emanzipierende und befreiende Akt der iranischen Frauen nicht nur in der Teilnahme an den Protestaktionen liegt, sondern ebenfalls in der Handynutzung.

Die Überbetonung von Nedas Jugend in der vorrangegangenen Textpassage, die sich auch an anderer Stelle häufig findet (vgl. u. a. sueddeutsche.de 22.06.09d; sueddeutsche.de 24.06.09c; SpiegelOnline 21.06.09; Der Spiegel 29/2009), knüpft dabei an eine allgemeine Hervorhebung der Rolle der iranischen Jugend in der Grünen Bewegung und ihrer Affinität zum Mobiltelefon an. Besonders markant tritt dies auf der Bildebene auf, die vor allem junge Mobiltelefonnutzerinnen zeigt und dies in Bildunterschriften explizit herausstellt. So ist unter der Abbildung einer Gruppe von Protestteilnehmerinnen, wovon zwei gerade ein Mobiltelefon in der Hand halten, zu lesen: „Junge Iranerinnen bei Mussawi-Demo" (sueddeutsche.de 17.06.09). Die Überrepräsentation junger, weiblicher Demonstranten ist damit nicht nur als Ausdruck des westlichen Anliegens muslimische Frauen zu befreien zu interpretieren, wie es Kurzman (2010: 9) vorschlägt, sondern im Kontext der Handynutzung als Widerspiegelung einer generellen Feminisierung und Verjugendlichung des Mobiltelefons zu sehen. Damit wird nicht nur die Bedeutung der Handynutzung für die Grüne Bewegung allgemein betont. Ebenso wird die herausragende Rolle junger Iranerinnen durch ihre vermeintliche Neigung zur Mobiltelefonnutzung impliziert.

6.4 Zusammenfassung: Diskurseinbettung und symbolischer Gehalt des Mobiltelefons

Die Analyseergebnisse mit Blick auf die zentrale Frage nach der diskursiven Einbettung des Mobiltelefons in der deutschen Berichterstattung zu Irans Grüner Bewegung zusammenfassend lässt sich insgesamt festhalten, dass das Mobiltelefon sehr eng in eine *Kontroll- und Überwachungsthematik* sowie eine damit zusammenhängende *Sicherheitsthematik* eingebunden ist. Anders als in der entwicklungshistorischen Betrachtung werden diese im Kontext der iranischen Protestbewegung allerdings weniger von Fragen der Lokalisier- und Kontrollierbarkeit einzelner Nutzer begleitet. Wesentlicher ist die staatliche Kontrollausübung über eine widerständige Zivilbevölkerung durch die Einschränkung der Kommunikation. Entsprechend ist auch die Thematisierung von Sicherheit nicht so sehr auf die Abhörsicherheit des Mobilfunknetzes gerichtet, sondern auf den Aspekt der nationalen Sicherheit angesichts der Bedrohung eines Staatssystems. Allgegenwärtig ist entsprechend auch eine *Konfliktthematik*, wenn die Zivilbevölkerung und der Staat als sich konfliktär gegenüberstehende Größen dargestellt werden, was sich auch in der Kriegs- und Militärsymbolik zum Mobiltelefon abbildet.

Ebenfalls stark frequentiert sind die *Freiheits- und Emanzipationsthematik* sowie die *Partizipations- und Demokratisierungsthematik*. Diese besitzen eine besondere Bedeutung in Hinblick auf die Partizipation von Handy nutzenden Frauen an der Protestbewegung und ein sich abbildendes Emanzipationsstreben der iranischen Frauen auf der Bild-Diskurs-Ebene. Damit findet sich eine diskursive Kopplung zwischen dem weiblichen Emanzipationsstreben im Iran und dem emanzipatorischen Versprechen des Mobiltelefons.

Gleichermaßen weisen die Öffentlichkeitsthematik und die damit verbundene Gegenthematik der Entprofessionalisierung eine hohe Relevanz in der deutschen Berichterstattung auf. Bezogen wird sich hier, wie bereits im historischen Kontext, zuvorderst auf die Schaffung neuer Kommunikationskanäle für zivile Akteure sozialer Bewegungen, die in Konkurrenz zu staatlich dominierten und traditionell-medialen stehen.

Innerhalb der Entprofessionalisierungsthematik lässt sich dabei eine Neuakzentuierung verzeichnen. In Einklang mit der generellen Entprofessionalisierungsthematik, wird auch im Kontext der Grünen Bewegung die Problematik dieser neuen journalistischen Quellen aufgenommen. Die ausgehende Gefahr von diesen Amateurquellen wird allerdings weniger auf der Ebene des Qualitätsverlustes der Berichterstattung und des Bedeutungsverlustes der traditionellen Berichterstattung diskutiert, als vielmehr hinsichtlich einer fragwürdigen Authentizität und Nicht-Überprüfbarkeit der neuen Nachrichtenquellen. Die traditionellen Medien verlieren dabei nicht ihre Wichtigkeit, sondern es wird eine notwendige Symbiose von alten Nachrichtenmedien und neuen Medien ausgemacht. Dabei werden nicht nur die visuellen Produkte des Mobiltelefons als Gefahr dargestellt, sondern auch die Mobiltelefonnutzung selbst, wenn von dem gewaltsamen Vorgehen gegen Handynutzer berichtet wird.

Im Zusammenhang der *Medienrevolutions- und Cyber-Utopismus-Thematik* zeigt sich eine enge Verknüpfung des Mobiltelefons mit dem Internet und seinen sozialen Plattformen. Die vermeintliche revolutionäre Kraft des Mobiltelefons speist sich hier in erster Linie aus seiner Dokumentationsfähigkeit von Ereignissen, deren Bilddokumente im Internet verbreitet werden. Entsprechend zeigt sich sehr deutlich die Funktion des Handys als immer bereites Bilderfassungs- und Bildübertragungsgerät, wie sie in Kapitel vier identifiziert wurde. Die in der Entwicklungsgeschichte des Mobiltelefons markante *Fortschrittsthematik* wird hierbei nicht mehr vorrangig auf das Mobiltelefon, sondern auf das Internet bezogen, zu dem das Mobiltelefon in einer funktional komplementären Beziehung steht.

Im Kontext des Dokumentations- und Veröffentlichungscharakters von Foto- und Filmaufnahmen wird der ziviljournalistische Einsatz des Mobiltelefons mit der *Ungleichheits- und Diskriminierungsthematik* verknüpft, wenn dem Mobiltelefon symbolisch eine schützende und ermächtigende Funktion für unterdrückte und marginalisierte Bevölkerungsgruppen übertragen wird. Damit wird es als ein Werkzeug im Streben des iranischen Volkes bzw. der Grünen Bewegung nach sozialer Gerechtigkeit konstruiert. In Einklang mit der entwicklungshistorischen Deutung des Mobiltelefons erhält es somit einen symbolischen Gehalt als Freiheits- und Emanzipations-, aber auch Demokratisierungsmedium, das wegen seiner funktionalen Kompatibilität mit dem Internet eine Bedrohung für die Aufrechterhaltung und Sicherheit eines autoritären Regimes darstellt. Aus diesem Grund unterliegt es einer staatlichen Überwachung und Kontrolle, die aber angesichts der modernen Kommunikationsmöglichkeiten nur schwer durchzusetzen ist.

Im Kontext der Ungleichheits- und Diskriminierungsthematik zeigt sich dabei ein diskursiver Bruch. Anders als im Kontext der in 4.2 aufgeführten sozialen Bewegungen wird in der deutschen Berichterstattung zur Mobiltelefonnutzung in Irans Grüner Bewegung keine mögliche Exklusionsgefahr und damit einhergehende Erhöhung der kommunikativen Ungleichheit durch die Beschränkung der Mobiltelefonnutzung auf einen technikaffinen Bevölkerungsteils thematisiert. Stattdessen kommt dem Mobiltelefon gemeinsam mit dem Internet eine fördernde Funktion für soziale Gerechtigkeit in Hinblick auf eine anhaltende soziale, aber auch geschlechtliche Ungleichheit und Diskriminierung im Iran zu. Die Ungleichheits- und Diskriminierungsthematik tritt in diesem Zusammenhang nicht mehr als Gegenposition zur Partizipations- und Demokratisierungsthematik auf, sondern steht dieser, wie der Emanizipations- und Freiheitsthematik, unterstüzend gegenüber.

Speziell das Handyvideo besitzt mit dem Öffentlichmachen von Nedas Tod dabei eine solidaritätsmobilisierende Funktion für die Ziele und den Protest der Grünen Bewegung sowie einen identitätsstiftenden und ideologiestärkenden Moment. Durch die diskursive Deutung von Nedas Tod als märtyrerischer Akt im Kampf um Freiheit und Demokratie für das iranische Volk wird zusammen mit ihrer Ikonisierung durch die weltweite Verbreitung des Handyvideos von ihrem Tod eine internationale Solidarität für die Grüne Bewegung und ihr (vermeintliches) Streben nach westlichen Grundwerten eingefordert. Verstärkt wird dieses Moment durch eine Feminisierung der Grünen Bewegung, die sich vor allem auf der Bild-Diskurs-Ebene und in der Kollektivsymbolik wiederfindet und an die entwicklungshistorische Feminisierung und Verjugendlichung des Mobiltelefons anschließt.

Die Rolle des Mobiltelefons in sozialen Bewegungen im Kontext der Grünen Bewegung bestimmt sich entsprechend vorrangig aus seiner Fähigkeit, Öffentlichkeit und Solidarität für die Ziele einer Bewegung und eine kollektive Identität innerhalb einer Bewegung herzustellen. Eine organisatorische und strategische Funktion kommt hingegen an erster Stelle dem Internet und seinen sozialen Plattformen zu, da es einer geringeren staatlichen Beschränkungsmöglichkeit hinsichtlich technischer Blockierung oder Drosselung unterliegt. Hierbei wird allerdings weniger die Aufhebung der Asymmetrie der Massenmedien aufgegriffen und auch die Erlangung politischer Autonomie durch das Schaffen unabhängiger Kommunikationskanäle wird nicht direkt adressiert. Diese wird aber in Hinblick auf die vermehrte Abbildung von Protestteilnehmerinnen mit Mobiltelefon impliziert, da damit aufgrund seiner Symbolik als Freiheits- und Emanzipationsmedium auf eine (eingeforderte) politische und soziale Autonomie der iranischen Frauen hingedeutet wird. Die soziale Signifikanz des Mobiltelefons in der Grünen Bewegung speist sich damit in erster Instanz aus seinem ermächtigenden Potential für eine staatlich unterdrückte Bevölkerung.

Wie dabei bereits aus den vorangegangen Ausführungen deutlich wird, findet im diskursiven Kontext Irans Grüner Bewegung eine Aushandlung von Macht und Gegenmacht statt, die sich wie im Rahmen der Mobiltelefonnutzung in anderen sozialen Bewegungen um die Neuordnung der vorherrschenden Wissens- und Machtordnungen aufspannt. Die durch die Mobiltelefonnutzung in sozialen Bewegungen induzierten Veränderungen beziehen sich hier auf die Machtrelation zwischen Staat und Zivilgesellschaft sowie zwischen alten und neuen (Nachrichten-)Medien. In erster Linie sind es dabei die über das Internet verbreiteten Handybilder und -videos, die dem Mobiltelefon eine herausfordernde Kraft gegenüber den gegebenen Wissens- und Machtverhältnissen verleihen.

7 FAZIT UND AUSBLICK

Das Mobiltelefon versetzte während der Grünen Bewegung die iranische Zivilgesellschaft in die Lage, ihren Widerstand in Echtzeit auf verschiedenen sozialen Plattformen im Internet zu dokumentieren und die Welt an ihrem Protest teilhaben zu lassen (vgl. Körber 2011: 11). Im Zuge der deutschen Berichterstattung zur Mobiltelefonnutzung in Irans Grüner Bewegung werden hierbei sowohl die Versprechen als auch die Gefahren des Mobiltelefons und der Mobiltelefonie zum Thema gemacht. In Übereinstimmung mit dem generellen diskursiv zugeschriebenen zwiespältigen Status des Mobiltelefons tritt auch in der Diskursanalyse der deutschen Berichterstattung die Ambivalenz des Mobiltelefons hervor. Allerdings überwiegt eine technikoptimistische Haltung, die in eine Medienrevolutionsrhetorik eingeschrieben ist und das herausfordernde Moment des Mobiltelefons hinsichtlich der gegebenen Wissens- und Machtordnung vorwiegend positiv besetzt.

Dem Mobiltelefon kommt dieses Potential jedoch nur in Verbindung mit dem Internet zu. Dementsprechend ist die in der Einleitung getroffene Annahme, dass aus der Einbindung in eine generelle Medienrevolutionsrhetorik eine besondere Betonung der funktionalen Eigenschaften des Mobiltelefons für den Widerstand gegen Unterdrückung in der deutschen Berichterstattung folgt, zwar grundsätzlich zu verifizieren. Allerdings zeigt sich in diesem Zusammenhang eine enge diskursive Kopplung des Mobiltelefons an das Internet, wodurch das Mobiltelefon in seinem revolutionären Effekt von dem Internet abhängig gemacht wird.

Diese diskursive Praktik entspricht der grundsätzlichen im Wissenschaftsdiskurs vorzufindenden Tendenz dem Internet und seinen sozialen Plattformen größere Aufmerksamkeit und Bedeutsamkeit zukommen zu lassen als der Mobiltelefonie (vgl. Geser 2006; Goggin 2007). Mit der fortschreitenden Medienkonvergenz – dem „Verschmelzen von Funktionalitäten unterschiedlicher Einzelmedien in einem Gerät" (ecmc 2008) – und der wachsenden Multifunktionalität des Mobiltelefons, die es heute nicht nur mit einem MP3-Player, einer Digitalkamera oder einem mobilen

Internetzugang ausstattet, sondern zu einem mobilen PC – einem sogenannten Smartphone – macht, ist gegenwärtig ein wissenschaftlicher Fokus vor allem auf die mobile Internetnutzung zu finden (wie z. B. im Sonderforschungsprogramm „Mediatisierte Welten" der DFG)[57]. Durch die vorranginge Beschäftigung mit den Effekten und Möglichkeiten des mobilen Internets ist allerdings der Aspekt der Sprach- und SMS-Services der multifunktionalen Mobiltelefonnutzung häufig unterrepräsentiert, der gerade in Entwicklungsländern einen größeren Stellenwert einnimmt als die mobile Social-Media-Nutzung und beispielsweise für die humanitäre Krisenbewältigung ein großes Potential besitzt (vgl. Mullaney 2012: 21).

Die diskursive Deutung des Mobiltelefons als Freiheits-, Emanzipations- und Demokratisierungsmedium, die in seiner Entwicklungsgeschichte und sozialen Funktionalität verwurzelt ist, ließ sich auch in der Diskursanalyse der deutschen Berichterstattung zu Irans Grüner Bewegung ausmachen. Die identifizierte diskursive Verknüpfung dieses symbolischen Gehalts des Mobiltelefons mit den in der Berichterstattung herausgestellten Werten der Grünen Bewegung von Freiheit, (weiblicher) Emanzipation und Demokratisierung bestätigt damit die eingangs formulierte Hypothese.

In Hinblick auf die emanzipative Funktion des Mobiltelefons und eine vorgefundene Verbindung zwischen der Feminisierung und Verjugendlichung des Mobiltelefons und der Grünen Bewegung hat sich dabei die diskursanalytische Verknüpfung von Text und Bild als sehr fruchtbar erwiesen. Ohne Berücksichtigung der Bildebene wäre diese Verschränkung in der Analyse nicht hervorgetreten. Somit zeigt diese Arbeit sehr deutlich, dass sich das Sagbare und Nicht-Sagbare gerade in unserer visuell-geprägten Gesellschaft in Sichtbarkeiten und Nicht-Sichtbarkeiten übersetzt und somit von einer interdependenten Beziehung von Sagbarem und Sichtbarem bzw. Nicht-Sagbarem und Nicht-Sichtbarem auszugehen ist. Bilder sind somit in Einklang mit Maasen, Mayerhausen und Renggli (2006) als ein zentraler Produzent von diskursivem Wissen zu sehen, was die Bild-Diskurs-Analyse zu einer wichtigen Ergänzung für die Diskursforschung werden lässt.

Die vorgefundene Feminisierung der Grünen Bewegung im Iran lässt dabei die Frage aufkommen, ob es sich hierbei um eine generelle

---

57 Das DFG SPP 1505 „Mediatisierte Welten" ist unter <http://www.mediatisierte welten.de> abrufbar. Vergleiche hierzu insbesondere das Projekt „Deliberation im Netz" (<http://www.mediatisiertewelten.de/projekte/deliberation-im-netz/>) und die Ringvorlesung „Mobile Medien – Mobiles Leben" (<http://www.mediati siertewelten.de/neuigkeiten/article/spp-projekt-nimmt-das-thema-mobile-medien-mobiles-leben-in-den-blick/>).

Feminisierung der westlichen Berichterstattung zu bzw. des westlichen Blicks auf emanzipatorische Bestrebungen in islamischen Ländern handelt, die Ausdruck eines tiefer liegenden Antagonismus zwischen Westen und Islam ist. Ein besonderes Augenmerk sollte hierbei mit Blick auf Rodriguez' (2010: 272) auch auf die Relation von westlichem Zivilisationsdiskurs und liberalen Feminismus gelegt werden. In diesem Zusammenhang kommt das Potential der politischen Instrumentalisierung der wiederkehrenden Betonung des Freiheits- und Emanzipationskampfes der iranischen Frauen zum Vorschein, wenn im Kontext des von Kurzman beschriebenen westlichen Anliegens, islamische Frauen zu befreien, Platz für einen solidarisierenden Feminismus gemacht wird, der tatsächlich der Legitimierung von Gewaltanwendung dient. Zur Ergründung dieses Gesichtspunktes würde sich im Anschluss an diese Arbeit eine Diskursforschung zu Frauenbewegungen in islamischen Ländern anbieten, die auch die diskursive Deutung der Nutzung neuer Medien in den Blick nimmt. Ein Fokus auf die Nutzung neuer Medien in Frauenbewegungen verspricht hinsichtlich des in dieser Arbeit aufgetretenen Technikoptimismus und Medienrevolutionsdiskurses, der westlichen Technologien eine befreiende, emanzipierende und ermächtigende Kraft zuschreibt, wesentliche Erkenntnisse.

In sozialen Bewegungen zeigen sich mobile Medien dabei nicht nur als Werkzeuge sozialer Umwälzungsprozesse, sondern sie sind selbst Träger dieser Prozesse. Die Methode der Diskursforschung hat sich in dieser Arbeit als ein sinnvolles Instrument gezeigt, um die mit der Mobiltelefonnutzung in sozialen Bewegungen verbundenen Wissens- und Machtordnungen sowie deren mögliche Neuausrichtung auf der Sprach- und Bildebene zu identifizieren. Außen vor blieb hierbei allerdings eine Handlungsperspektive, die einen möglichen Wandel der Handlungspraxis sozialer Bewegungen durch die Nutzung mobiler Medien betrachtet. Für eine umfassendere Erforschung der mit einer sich ausbreitenden Mobiltelefon- bzw. Smartphonenutzung einhergehenden Veränderungen für soziale Bewegungen empfiehlt es sich daher einen Forschungsansatz zu wählen, der die verschiedenen Ebenen der Mediennutzung – d. h. sowohl ihre diskursive Wahrnehmung und Repräsentation als auch ihre handlungspraktische und materiell-apparative Realität – berücksichtigt. Hier würde sich z. B. die Dispositivanalyse nach Bührmann und Schneider (2008) anbieten, die die Ebenen der diskursiven Praxis, nicht-diskursiven Handlungspraxis und Sichtbarkeiten/Vergegenständlichungen in einer Forschungsperspektive zusammenführt.

Diese Arbeit ist insgesamt als ein Beitrag zur Erforschung der sozialen Nutzung neuer, mobiler Medien und deren sozialen Auswirkungen nicht nur auf soziale Bewegungen, sondern auf die Gesellschaft sowie ihre Wissens- und Machtordnung generell zu verstehen. In diesem Sinn sind anknüpfend an diese Arbeit nicht nur weitere Untersuchungen zum Einsatz mobiler Medien in sozialen Bewegungen anzustreben, sondern auch dessen Kontextualisierung in einen größeren gesellschaftlichen Bezugsrahmen. Der Forschungsbedarf im Bereich der mobilen Mediennutzung ist somit längst nicht erschöpft und verlangt nach einer anhaltenden wissenschaftlichen Adressierung.

8 ANHANG

8.1 Analyseleitfaden zur kritischen Diskursanalyse nach Jäger

Entsprechend des unter 3.4 dargestellten Vorgehens der kritischen Diskursanalyse, stellt Jäger (2000a) einen Leitfaden für die Analyse eines Diskursstranges in einer Zeitung/Zeitschrift zur Verfügung, der im Folgenden verallgemeinert wiedergegeben ist:
Analyseleitfaden zur Materialaufbereitung für die Analyse eines Diskursstranges in einer Zeitung/Zeitschrift

1. Strukturanalyse

1.1 Allgemeine Charakterisierung der Zeitung: Politische und gesellschaftliche Verortung, Leserschaft, Auflage usw.

1.2 Überblick über den gesamten Untersuchungszeitraum in Hinblick auf den jeweiligen Sektor des Diskursstrangs

1.2.1 Liste der erfassten relevanten Artikel mit jeweiliger Angabe der bibliographischen Daten; Stichwort(en) zur Thematik; Angabe der Textsorte; mögliche Besonderheiten; Angabe der Rubrik bei Wochenzeitungen/-zeitschriften etc.

1.2.2 Zusammenfassender Überblick über die in der Zeitung/Zeitschrift angesprochenen/aufgegriffenen Themen; qualitative Bewertung; auffälliges Fehlen bestimmter Thematiken, die andernorts angesprochen wurden; zeitliche Präsentation und Häufungen bestimmter Thematiken in Hinblick auf mögliche diskursive Ereignisse

1.2.3 Zuordnung der Einzelthemen zu möglichen thematischen Bereichen

1.3 Zusammenfassung von 1.1 und 1.2: Bestimmung der Diskursposition der Zeitung/Zeitschrift in Hinblick auf den untersuchten Diskursstrang

2. Materialaufbereitung für die exemplarische ‚Feinanalyse' von Diskursfragmenten: eines für die Diskursposition der Zeitung möglichst typischen Artikels bzw. von Artikelserien u. ä.

2.1 Institutioneller Rahmen: Kontext

2.1.1 Begründung der Auswahl des Artikels

2.1.2 Autor (Funktion und Gewicht innerhalb der Zeitung, Spezialgebiete usw.)

2.1.3 Anlass des Artikels

2.1.4 Rubrik

2.2 Text-‚Oberfläche'

2.2.1 Grafische Gestaltung inkl. Bebilderung und Grafiken

2.2.2 Überschriften, Zwischenüberschriften

2.2.3 Gliederung des Artikels in Sinneinheiten

2.2.4 Im Artikel angesprochene Themen (Diskursfragmente) (ihre Berührungen, Überlappungen)

2.3 Sprachlich-rhetorische Mittel

2.3.1 Art und Form der Argumentation, Argumentationsstrategien

2.3.2 Logik und Komposition

2.3.3 Implikate und Anspielungen

2.3.4 Kollektivsymbolik bzw. Bildlichkeit: Symbolik, Metaphorik usw. in sprachlichen und graphischen Kontexten (Statistiken, Fotos, Bilder, Karikaturen etc.)

2.3.5 Redewendungen, Sprichwörter, Klischees

2.3.6 Wortschatz und Stil

2.3.7 Akteure (Personen, Pronominalstruktur)

2.3.8 Referenzbezüge: Berufung auf die Wissenschaft(en), Angaben über die Quellen des Wissens o. ä.

2.4 Inhaltlich-ideologische Aussagen

2.4.1 Welche Art von Menschenbild setzt der Artikel voraus, vermittelt der Artikel?

2.4.2 Welche Art von Gesellschaftsverständnis setzt der Artikel voraus, vermittelt der Artikel?

2.4.3 Welche Art von (z. B.) Technikverständnis setzt der Artikel voraus, vermittelt der Artikel?

2.4.4 Welche Zukunftsperspektive entwirft der Artikel?

2.5 Sonstige Auffälligkeiten

2.6 Zusammenfassung: Verortung des Artikels im Diskursstrang (s. 1.3), das ‚Argument', die Kernaussage des gesamten Artikels, seine allgemeine ‚Botschaft', ‚Message'

3. Abschließende Interpretation des gesamten untersuchten Diskursstranges unter Rückgriff auf die vorliegenden Materialaufbereitungen (Struktur- und Feinanalyse(n))

8.2 Zusammenfassung der Feinanalyse der ausgewählten Diskursfragmente

SÜDDEUTSCHE ZEITUNG und SUEDDEUTSCHE.DE

sueddeutsche.de 14.06.09b: Wahl in Iran – Gekappter Draht zum Westen

- drei Akteursgruppen: 1) Anhänger und Institutionen des iranischen Regimes, 2) Anhänger der iranischen Opposition und 3) Sympathisanten der Opposition und internationale Medienakteure sowie Vertreter der Weltöffentlichkeit
- es werden zwei Seiten gegenüber gestellt: Anhänger und Sympathisanten des Widerstands/der Opposition (wozu auch Medienakteure und Weltöffentlichkeit zählen) vs. Anhänger und Sympathisanten des Regimes
- unter der Opposition finden sich große Massen und bestimmte Akteursgruppen; einzige Einzelpersonen sind Mussawi und Karrubi
- auf Seite des Regimes finden sich gesichtslose Institutionen/Organisationen sowie Ahmadinedschad
- unter den Medienakteuren und Vertretern der Weltöffentlichkeit finden sich bestimmte Akteure und Einzelpersonen mit Autoritätscharakter sowie unbestimmte Akteursgruppen
- persönliche Ebene wird nur an wenigen Stellen hergestellt, insgesamt sehr distanziert
- sympathisierend mit Widerstandsseite, insgesamt aber relativ neutral
- recht formeller Berichtsstil mit wenig Bildsprache und keinen Referenzbezügen
- Argumentationsstruktur ist faktenbasiert; demonstrativer Charakter
- Kernaussagen:
  - es gibt Ungereimtheiten bei der iranischen Präsidentschaftswahl
  - neue Medien – vor allem Twitter – erhalten Informationsfluss aufrecht und schaffen eine unkontrollierbare Meinungsvielfalt

    →Bestätigung auf Bildebene durch Abbildung einer Demonstrantin mit Mobiltelefon; gleichzeitig Erweiterung um emanzipatorischen Effekt neuer Medien
  - Öffentlichkeit schafft Sicherheit

— Menschenbild:
  - Bürger kämpfen um Rechte/Freiheit
  - politisch aktiv, technikaffin und demokratisch orientiert
  - wollen Freiheit und Gerechtigkeit

— Gesellschaftsverständnis:
  - autoritäres Regime vs. Demokratie (letzteres ist anzustreben)
  - Gesellschaft ist zunehmend technologisiert
  - Staat vs. Zivilgesellschaft

— Technikverständnis:
  - neue Medien als wichtiges Mittel der Öffentlichkeitsherstellung in repressiven Regimen/Krisensituationen und für Meinungs- und Pressefreiheit
  - benötigen aber der Bestätigung durch traditionelle Medien

— Zukunftsperspektive: nicht vorhanden (kein richtiger Schlussteil, sondern endet abrupt)

sueddeutsche.de 17.06.09: Aufruhr in Iran – 140 Zeichen Revolution & Süddeutsche Zeitung 18.06.09a: 140 Zeichen Revolution

— drei Akteursgruppen: 1) Anhänger und Institutionen des iranischen Regimes, 2) Anhänger der iranischen Opposition und 3) Sympathisanten der Opposition, internationale Medienakteure und Vertreter der Weltöffentlichkeit
— es werden zwei Seiten gegenüber gestellt: Anhänger und Sympathisanten des Widerstands/der Opposition (wozu auch Medienakteure und Weltöffentlichkeit zählen) vs. Anhänger und Sympathisanten des Regimes (Katz-und-Maus-Spiel)
— unter den Widerstands-Anhängern finden sich neben großen Massen und unbestimmten und bestimmten Akteursgruppen auch Einzelpersonen, die namentlich benannt werden
— auf der Seite des Regimes finden sich gesichtslose Institutionen und Organe wie auch Präsident Ahmadinedschad
— unter den Medienakteuren und Vertretern der Weltöffentlichkeit finden sich bestimmte Akteure mit Autoritätscharakter
— Sympathisierung mit der Widerstandsseite (diese hilft auch eigentlichen Widersachern (Polizist)), aber diese Position bleibt distanziert → kein Bezug zur eigenen Gruppe wird hergestellt (es wird sich nicht verbündet)
— auch die persönliche Grenze wird nur an wenigen Stellen überschritten, wenn Einzelpersonen/-schicksale auf der Widerstandsseite angeführt werden

- Stil weist viele englische Begriffe und Verweise auf, die ein gewisses kulturelles Hintergrundwissen verlangen → Berichtsstil für ein breites, aber gebildetes Publikum
- Argumentationsstruktur ist fakten-/autoritätsbasiert; zusammen mit überwiegend Demonstrativpronomen wird der demonstrative Charakter deutlich, der aber möglichst neutral gehalten ist (verhältnismäßig viele Indefinitivpronomen)
- Kernaussagen:
  - Beschränkungen der persönlichen Freiheit und Meinungs-/Pressefreiheit
  - Präsident (und Regime/Staat) wird als besiegbare Größe dargestellt
  - Widerstand der Zivilgesellschaft
  - neue Medien/Technologien/Handy als Mittel im Kampf gegen Unterdrückung für die Ausgebeuteten und als Revolutionsträger

    →Bestätigung und Bekräftigung durch Abbildung einer Gruppe westlich anmutender junger iranischer Demonstrantinnen (grüne Kappen identifizieren sie als Anhängerinnen der grünen Bewegung, wobei Fokus auf Frau mit Mobiltelefon in Hand liegt) (Art. 13)

    →Bestätigung und Bekräftigung durch Abbildung einer iranischen Demonstrantin vor Mussawi-Plakat mit Mobiltelefon in Hand (Art. 17)

    →in beiden Artikeln findet dadurch Erweiterung auf emanzipatorischen Effekt des Mobiltelefons/neuer Medien statt
- Menschenbild:
  - Bürger kämpfen um Rechte/Freiheit
  - politisch aktiv, technikaffin und demokratisch orientiert
  - sich organisierend (in Netzwerken)
- Gesellschaftsverständnis:
  - Gesellschaft ist zunehmend technologisiert/internetbasiert →Netzwerkgesellschaft
  - Westen vs. Islam
  - Staat vs. Zivilgesellschaft
  - Menschen-/Bürgerrechte und Gleichberechtigung sind anzustreben

— Technikverständnis:
  - neue Medien/Technologien/Handy als Mittel im Kampf gegen Unterdrückung mit revolutionärem Potential → Revolutionsträger
  - beinhalten aber auch Gefahren: Verbreitung von Falschinformationen und Authentizitätsprobleme (obwohl Wahrheit verkündend)→Ambivalenz

— Zukunftsperspektive: ungewisser Ausgang des Konflikts, aber eher zugunsten der Oppositionellen und neuen Technologien → die Zukunft gehört dem Netz (offenes Ende)

Süddeutsche Zeitung 18.06.09b: Digitale Schnellboote

— zwei Akteursgruppen mit je zwei Untergruppen: 1) Medien/Medienakteure (alte vs. neue Medien) und 2) soziale Akteure (Anhänger von Prostest/-Oppositionsbewegungen, Bürger vs. Staatsakteure, Anhänger von Regimen)
— es werden zwei Seiten gegenüber gestellt: Protest-/Oppositionsanhänger und Medien vs. Staatsakteure/Regimeanhänger
— auf beiden Seiten finden sich unbestimmte und bestimmte Akteursgruppen; auf Seiten der Staatsakteure/Regimeanhänger aber auch gesichtslose Institutionen und Organisationen
— persönliche Ebene wird nur an wenigen Stellen hergestellt, insgesamt sehr distanziert
— sympathisierend mit Widerstandsseite, insgesamt aber relativ neutral
— gehobene Alltagssprache, teils sehr bildlich (erfordert kulturelles Vorwissen) → Berichtsstil für ein breites, aber gebildetes Publikum
— Argumentationsstruktur ist faktenbasiert mit rhetorischen Fragen; demonstrativer Charakter
— Kernaussagen:
  - neue Medien spielen große Rolle in modernen Protestbewegungen, bergen aber auch Gefahren
  - alte und neue Medien sind aufeinander angewiesen

— Menschenbild:
  - politisch aktiv, technikaffin und demokratisch orientiert

— Gesellschaftsverständnis:
  - autoritäres Regime vs. Demokratie (letzteres ist anzustreben)
  - Gesellschaft ist hochtechnologisiert
  - Staat vs. Zivilgesellschaft
  - modern vs. fundamentalistisch

— Technikverständnis:
  - neue Medien haben weitreichende soziale Auswirkungen, v. a. im Rahmen von Protestbewegungen in repressiven Regimen
  - vereinen positive Eigenschaften der einzelnen alten Medien (Interaktion und Massenkommunikation)
  - Gefahr: können anti-demokratische Entwicklungen unterstützen
  - Kooperation von alten und neuen Medien im 21. Jahrhundert unumgehbar

— Zukunftsperspektive: Verschmelzung von alten und neuen Medien

sueddeutsche.de 22.06.09d: Proteste in Iran – Nedas Stimme

— drei Akteursgruppen: 1) Anhänger und Institutionen des iranischen Regimes, 2) Anhänger der iranischen Opposition und 3) internationale Medienakteure sowie die Weltöffentlichkeit
— es werden zwei Seiten gegenüber gestellt: Anhänger und Sympathisanten der Opposition (wozu auch Medienakteure und die Weltöffentlichkeit zählen) vs. Anhänger und Sympathisanten des Regimes
— unter der Opposition finden sich große Massen und bestimmte Akteursgruppen sowie Einzelpersonen und Opfer, die namentlich benannt werden (Neda)
— auf Seite des Regimes finden sich gesichtslose Institutionen/Organisationen sowie Einzelpersonen (Chamenei) und Täter
— unter den Medienakteuren finden sich bestimmte und unbestimmte Akteursgruppen sowie Einzelakteure (die BBC)
— persönliche Ebene wird nur an wenigen Stellen hergestellt, insgesamt sehr distanziert
— sympathisierend mit Widerstandsseite, insgesamt aber relativ neutral
— recht formeller Berichtsstil mit wenig Bildsprache und kaum Referenzbezügen
— Argumentationsstruktur ist faktenbasiert; demonstrativer Charakter
— Kernaussagen:
  - es gibt wenig Informationen zum Tod von Neda
  - starke Wirkung der Bilder vom Todesvideo → Ikone des Widerstands

- große Bedeutung neuer Medien im Konflikt im Iran: Öffentlichkeit und Organisation
  - →Bestätigung durch Bildausschnitt aus Neda-Video, demonstriert gleichzeitig Tragik des Ereignisses (Unterschrift: „Die dramatischen Bilder vom Sterben einer jungen Iranerin")
- Bilder sind nicht objektiv und zeigen Dinge, die Regime verheimlichen möchte

— Menschenbild:
- politisch aktiv, technikaffin und demokratisch orientiert
- kämpfen und sterben für Freiheit/Rechte

— Gesellschaftsverständnis:
- autoritäres Regime vs. Demokratie (letzteres ist anzustreben)
- Gesellschaft ist zunehmend technologisiert
- Staat vs. Zivilgesellschaft

— Technikverständnis:
- neue Medien als wichtiges Mittel in repressiven Regimen/Konfliktsituationen: Öffentlichkeit und Bewegungs-/Protestorganisation
- Bilder besitzen trotz zweifelhafter Authentizität große Macht
- Risiko neuer Medien: fehlende Objektivität

— Zukunftsperspektive: positiv für Macht neuer Medien und Opposition

Süddeutsche Zeitung 09.07.09b: Teil der Bewegung – Die Twitter-Revolution und die Authentizität der Bilder

— vier Akteursgruppen: 1) Anhänger und Institutionen diktatorischer Regime (Iran und Burma), 2) Anhänger der zivilen Opposition, 3) westliche Medienakteure und 4) westliches Publikum
— auf der Konfliktebene werden zwei Seiten gegenüber gestellt: Oppositionsanhänger zusammen mit Dokumentarfilmern und dem westlichen Publikum vs. diktatorische Regime
— unter der Opposition finden sich große Massen und bestimmte Akteursgruppen, unbestimmte und bestimmte Einzelakteure sowie Opfer (Neda), Zeugen und Verlierer
— auf Seite des Regimes finden sich gesichtslose Institutionen/Organisationen, anonyme Einzeltäter sowie Sieger
— unter den westlichen Medienakteuren finden sich bestimmte Akteursgruppen und Einzelpersonen

- persönliche Ebene wird nur hergestellt, wenn es um die Opfer von Konflikten (Neda) und Einzelakteure der Opposition (Videojournalist Joshua) geht oder, wenn vom westlichen Publikum gesprochen wird (wir/unser) → Identifizierung nur mit letzterem, keine direkt Verbündung mit ersterem
- sympathisierend mit Widerstandsseite, insgesamt aber eher neutral
- Meinungs-/Kommentarstil für breites, gebildetes Publikum, teils bildsprachlich und salopp
- Argumentationsstruktur ist fakten- und autoritätsbasiert, auch gesellschaftliche Argumentation mit rhetorischen Elementen; einige Behauptungen werden nicht belegt:
- Kernaussagen:
    - Bilder aus Iran könnten gefälscht/inszeniert sein, haben aber trotzdem große Wirkkraft durch Gefühl dabei zu sein
    - Internet gibt Bildern ihre verlorene Beweiskraft zurück
    - Wirkung der verwackelten Bilder ist evolutionär bedingt und dem geschuldet, dass westliches Publikum an sie glauben möchte
    - neue Kommunikationstechnologien schaffen unzählige Zeugen und befördern die Geschichte der Verlierer zu Tage
    - das Wirkliche wird zum Fetisch
- Menschenbild:
    - politisch aktiv, technikaffin und demokratisch orientiert
    - evolutionäres Wesen
    - technikaffin/-abhängig
    - glaubt, was er glauben will
- Gesellschaftsverständnis:
    - autoritäres Regime vs. Demokratie (letzteres anzustreben)
    - Gesellschaft ist zunehmend technologisiert
    - Staat vs. Zivilgesellschaft
- Technikverständnis:
    - neue Medien als wichtiges Element in oppositionellen Bewegungen für Herstellung von Öffentlichkeit
    - besitzen aber fragwürdige Authentizität → Gefahr der Inszeniertheit
- Zukunftsperspektive: impliziert iranische Opposition als Verlierer und Regime als Gewinner

Der Spiegel und SpiegelOnline

Spiegel Online 18.06.09a: Opposition in Iran – Ahmadinedschads Angst vor dem Netz

— drei Akteursgruppen: 1) Anhänger des Regimes/Ahmadinedschads, 2) Anhänger der Opposition/Mussawis und 3) internationale/ausländische Medienakteure
— zwei Seiten werden gegenübergestellt: Sympathisanten des Regimes und der Opposition (zu denen auch die Medienakteure zählen)
— auf Seite des Regimes/der Anhänger Ahmadinedschads/des Staates finden sich unbestimmte und gesichtslose Institutionen und Organisationen; die einzige Einzelperson ist Ahmadinedschad
— unter den Anhängern der Opposition/Mussawis finden sich neben großen Massen auch unbestimmte Einzelakteure
— unter den internationalen/ausländischen Medienakteuren werden unbestimmte Akteursgruppen und Institutionen ebenso benannt wie konkrete Einzelpersonen/-akteure und Autoritäten (Professionelle)
— über Pronominalstruktur wird eine persönliche Ebene in erster Linie auf Seiten der Oppositionsanhänger und der Medienakteure hergestellt; vor allem zu letzteren wird eine besondere Nähe hergestellt → Positionierung zur Opposition bleibt aber distanziert (man will Menschenrechte (insb. Meinungsfreiheit) sicherstellen, aber identifiziert sich nicht mit Zielen der Bewegung)
— auch wird die persönliche Grenze nur an wenigen Stellen überschritten, wenn Einzelpersonen von der Oppositions- oder Medienakteursseite zu Wort kommen
— Berichtsstil für ein breites Publikum
— Argumentationsstruktur ist fakten-/autoritätsbasiert; demonstrativer Charakter
— Kernaussagen:
  - Beschränkungen der persönlichen Freiheit und Meinungs-/Pressefreiheit, Menschenrechte
  - Unterdrückung/Repression durch Regime/Staat, das/der Angst vor neuen Medien hat

    →unterstützt auf bildlicher Ebene durch Abbildung von nachdenklichem Ahmadinedschad
  - neue Medien/Technologien/Handy als mögliche wichtige Werkzeuge der Meinungs- und Pressefreiheit, sind aber mit Vorsicht zu behandeln (Authentizitätsproblematik)
  - Symbiose von alten und neuen Medien, Amateuren und Profession unausweichlich und notwendig in autoritärem Regime wie Iran

— Menschenbild:
  - Bürger kämpfen um Rechte/Freiheit
  - politisch aktiv, technikaffin und demokratisch orientiert
— Gesellschaftsverständnis:
  - autoritäres Regime vs. Demokratie (letzteres ist anzustreben)
  - moderne Gesellschaft hochtechnologisiert und zugleich technikabhängig
  - Staat vs. Zivilgesellschaft
  - Menschen-/Bürgerrechte sind zu verwirklichen
— Technikverständnis:
  - neue Medien unentbehrlich in Situationen der Unterdrückung von Presse- und Meinungsfreiheit
  - Symbiose von alt und neu notwendig
  - neue Medien aber mit Vorsicht zu behandeln (wg. Authentizität und Parteilichkeit)
— Zukunftsperspektive: neutral

Spiegel Online 22.06.09b: Die digitale Revolution

— drei Akteursgruppen: 1) Anhänger des iranischen Regimes sowie anderer autoritärer Regime (u. a. China, Nazi-Regime) und kooperierender Akteure (u. a. Geschäftspartner), 2) Anhänger der iranischen Opposition sowie anderer oppositioneller Gruppen (u. a. chinesische Aktivisten, polnische Gewerkschaft) und 3) das unterdrückte Volk (Iran, China, DDR) und internationale/westliche Experten sowie Vertreter der internationalen Weltöffentlichkeit
— zwei Seiten werden gegenübergestellt: Sympathisanten des Regimes und der Opposition (zu denen auch die Experten und Weltöffentlichkeit zählen)
— auf Seite des Regimes/der Anhänger Ahmadinedschads/des Staates finden sich sowohl unbestimmte und gesichtslose Institutionen und Organisationen als auch unbestimmte Akteursgruppen; einzige benannte Einzelpersonen sind der Schah (von 1979) und ein anonymer chinesischer Parteisprecher
— unter den Anhängern der Opposition und anderer oppositioneller Gruppen finden sich neben großen Massen und unbestimmten Akteursgruppen auch bestimmte Einzelakteure, die namentlich benannt werden

- unter den internationalen Experten finden sich ausschließlich namentlich benannte Einzelpersonen; Vertreter der internationalen Weltöffentlichkeit sind bestimmte Akteure (die USA, der Vatikan, ein Spiegel-Korrespondent)
- besonders auffällig ist hier die angewandte Kriegsrhetorik und sehr bildliche Sprache (viele Kollektivsymboliken); Berichtsstil für ein breites Publikum
- über Pronominalstruktur wird vergleichsweise häufig eine persönliche Ebene auf beiden Seiten hergestellt; „wir" und „unsere" wird allerdings nur im Zusammenhang der Oppositionsanhänger verwendet, wodurch eine implizite Positionsbeziehung/Sympathisierung mit dieser Seite stattfindet → Artikel ist weniger neutral als andere
- Argumentationsstruktur ist fakten-/autoritätsbasiert, es treten aber auch Logikargumente und rhetorische Fragen auf
- durch die überwiegenden Demonstrativpronomen und nur wenigen Indefinitivpronomen wird der demonstrative Charakter deutlich
- Kernaussagen:
  - iranisches Regime verliert Macht

    →verstärkt auf bildlicher Ebene durch Abbildungen von Demonstrantenmassen und einzelnen Demonstranten/innen
  - Internet bzw. neue Medien dienen der Revolte im Iran, haben eine demokratisierende Wirkung und revolutionäres Potential

    →Ausschnitte von Internetseiten auf Bildebene wirken bestätigend

    →durch Abbildung von Demonstrantin mit Mobiltelefon auch Erweiterung auf emanzipatorischen Effekt
  - Regime setzen wirkungsvolle Gegenmaßnahmen ein

    →Bild zur polizeilichen Kontrolle in chinesischen Internetcafés wirkt bestätigend (Unterschrift: „...Zigtausend Zensoren")
  - es herrscht eine digitale Dialektik zwischen Regime und Dissidenten
- Menschenbild:
  - Unternehmer sind korrupt und verantwortungslos (NSN)
  - Bürger kämpfen um Rechte/Freiheit
  - sind politisch aktiv, technikaffin
    und demokratisch orientiert

— Gesellschaftsverständnis:
  - autoritäres Regime/Diktatur vs. Demokratie (letzteres ist anzustreben)
  - Kapitalismus vs. Kommunismus
  - Unternehmen/Wirtschaft als gewissenslos und profitorientiert
  - moderne Gesellschaft als hochtechnologisiert und zugleich technikabhängig
  - Staat vs. Zivilgesellschaft/Volk
  - Menschen-/Bürgerrechte sind zu verwirklichen

— Technikverständnis:
  - neue Medien besitzen revolutionäres Potential, sind Waffen des Volkes gegen Unterdrückung
  - aber nicht uneingeschränkt: Erfolg nur bei bereits angeschlagenen Regimen

— Zukunftsperspektive: nicht eindeutig, aber optimistische Aussichten für Volk/Opposition

Spiegel Online 01.07.09b: Proteste in Iran – Handy-Fotografen riskieren Prügel

— drei Akteursgruppen: 1) Anhänger und Institutionen des iranischen Regimes, 2) Anhänger der iranischen Opposition und 3) Sympathisanten und internationale Medienakteure

— es werden zwei Gruppen bzw. Seiten gegenübergestellt: Widerstands-Anhänger und Sympathisanten (wozu auch die internationalen Medienakteure zählen) vs. das Regime/der Staat (Katz-und-Maus-Spiel)

— unter den Widerstands-Anhängern finden sich neben großen Massen auch Einzelpersonen und Autoritäten ebenso wie Freunde und Opfer, die namentlich benannt werden (Neda)

— auf der Seite des Regimes/Staates finden sich gesichtslose Institutionen und Organisationen ebenso wie Verfolger

— unter den Medienakteuren finden sich unbestimmte Akteursgruppen als auch bestimmte, autoritätsbehaftete Einzelakteure (AP, BBC, VoA, RoG)

— deutliche Sympathisierung mit der Widerstandsseite (dort existieren Freundschaft und sinnlose Opfer (Neda)), aber diese Position bleibt distanziert → kein Bezug zur eigenen Gruppe wird hergestellt (es wird sich nicht verbündet)

— auch wird die persönliche Grenze (Personalpronomen) nur an wenigen Stellen überschritten, wenn Einzelpersonen/-schicksale auf der Widerstandsseite angeführt werden

- moderner Sprachstil mit vielen Computer-/Technikbegriffen, teils auch salopp und Sprachformeln (Dramatisierung); Berichtsstil für ein breites Publikum
- Argumentationsstruktur ist fakten-/autoritätsbasiert; demonstrativer Charakter
- Kernaussagen:
    - Beschränkungen der persönlichen Freiheit und der Meinungs-/Pressefreiheit, Bürgerrechte
    - Furcht und Angst vor Bedrohung, Gewalt und Unterdrückung durch Regime/Staat
    - Widerstand der Zivilgesellschaft
    - neue Medien/Technologien/Handy als mögliche wirkungsvolle Instrumente des Widerstands

      →Abbildung einer Demonstrantin mit Mobiltelefon in der Hand wirkt bestätigend und erweitert um emanzipatorischen Effekt
    - beinhalten aber gleichzeitig Gefahr der Identifizierung abgebildeter Personen
- Menschenbild:
    - Bürger kämpfen um Rechte/Freiheit
    - politisch aktiv, technikaffin und demokratisch orientiert
- Gesellschaftsverständnis:
    - autoritäres Regime vs. Demokratie (letzteres anzustreben)
    - moderne Gesellschaft ist hoch technologisiert und zugleich technikabhängig
    - Staat vs. Zivilgesellschaft
    - Menschen-/Bürgerrechte sind zu verwirklichen
- Technikverständnis:
    - neue Medien als Mittel der Meinungs-/Pressefreiheit und des Widerstands gegen autoritäre Regime
    - beinhalten aber auch Gefahren, denen sich gegenüber entsprechend zu verhalten gilt
- Zukunftsperspektive: ungewisse Zukunft; auf beiden Seiten hält der Widerstand an, aber eher zugunsten des Regimes (das Fenster zur Welt wird kleiner → weniger technologieeuphorisch als andere Artikel)

Spiegel Online 13.07.09: Tage des Aufruhrs

- drei Akteursgruppen: 1) Anhänger und Institutionen des iranischen Regimes, 2) Anhänger der iranischen Opposition und 3) Sympathisanten und Weltöffentlichkeit/ausländische Journalisten, wobei letztere nur am Rande erwähnt werden
- zwei Seiten werden gegenübergestellt: Sympathisanten des Regimes und der Opposition (zur denen auch Weltöffentlichkeit/ausländische Journalisten zählen)
- auf Seite des Regimes/der Anhänger Ahmadinedschads/des Staates finden sich sowohl unbestimmte und gesichtslose Institutionen als auch unbestimmte Akteursgruppen und Einzelpersonen; einzige benannte Einzelpersonen sind Ahmadinedschad und Chamenei
- unter den Anhängern der Opposition und ihren Sympathisanten finden sich neben großen Massen und unbestimmten Akteursgruppen viele bestimmte Einzelakteure, die auch namentlich benannt werden

  →werden sympathisch und menschlich dargestellt, haben Familie, Freunde etc. (auch durch bildliche Ebene: freundliche Demonstrantin, die ihr Plakat zusammen mit einer Blume hochhält; Mussawi Anhänger, die wie eine Gruppe von Freunden lachend für die Kamera posieren)

  →klare Positionsbeziehung für Opposition

- Weltöffentlichkeit und ausländische Journalisten bleiben anonyme, unbestimmbare Größen
- über Pronominalstruktur wird sehr häufig eine persönliche Ebene durch viele Personalpronomen vor allem auf Seiten der Oppositionsanhänger hergestellt, wodurch eine klare Positionsbeziehung/Sympathisierung mit dieser Seite stattfindet → Artikel ist weniger neutral als andere
- Argumentationsstruktur ist fakten-/autoritätsbasiert, es treten aber auch rhetorische Fragen auf
- Stil unterscheidet sich durch Erzählstruktur von übrigen Artikeln, weist eine bildliche Sprache auf; Erzählstil für ein breites Publikum
- durch die überwiegenden Demonstrativpronomen und nur wenigen Indefinitivpronomen wird der demonstrative Charakter deutlich
- Kernaussagen:
  - für iranische Bürger/Oppositionelle besteht große Gefahr im Iran

    →Bestätigung durch Abbildung von blutüberströmten Demonstranten, Bereitschaftspolizei, Demonstranten, die Bilder von Getöteten hochhalten und von Polizisten angegriffen werden, und der getöteten Neda

- aktuelle Ereignisse im Iran verändern das Land und das Leben der Menschen dort

  →Bilder von Massenprotesten, brennenden Straßen und Straßenschlachten

- systeminterner Machtkampf im Iran
- es gibt viele Märtyrer (und Opfer) im Iran

  →bildlicher Beweis: die getötete Neda

— Menschenbild:
  - Bürger kämpfen um Rechte/Freiheit
  - politisch aktiv, technikaffin und demokratisch orientiert

— Gesellschaftsverständnis:
  - autoritäres Regime/Diktatur vs. Demokratie (letzteres ist anzustreben)
  - moderne Gesellschaft, technologisiert
  - Staat vs. Zivilgesellschaft/Volk
  - Menschen-/Bürgerrechte sind zu verwirklichen

— Technikverständnis:
  - neue Medien sind wichtiges Instrument für soziale Bewegungen in repressiven Regimen
  - unterstützen Presse-/Meinungsfreiheit und damit Menschenrechte

— Zukunftsperspektive: nicht eindeutig, aber eher pessimistisch für Opposition

8.3 Liste der Artikel der Süddeutschen Zeitung/sueddeutsche.de und des Spiegels/SpiegelOnlines

Süddeutsche Zeitung und sueddeutsche.de:

1) sueddeutsche.de 13.06.09: Wahl in Iran – Straßenschlachten nach Ahmadinedschads Sieg
2) sueddeutsche.de 14.06.09a: Nach Wahlsieg Ahmadinedschads – „Explosive Situation" in Iran
3) sueddeutsche.de 14.06.09b: Wahl in Iran – Gekappter Draht zum Westen
4) Süddeutsche Zeitung 15.06.09a: Gekappter Draht zum Westen – Behörden fürchten das Internet
5) Süddeutsche Zeitung 15.06.09b: Geprügelt von Härte

6) sueddeutsche.de 15.06.09a: Iran: Proteste nach Präsidentschaftswahl - Bundesregierung bestellt Botschafter ein
7) sueddeutsche.de 15.06.09b: Twittern in Iran – Gezwitscherter Zorn
8) sueddeutsche.de 15.06.09c: Iran: Proteste – Hoffnungsschimmer für die Opposition
9) sueddeutsche.de 15.06.09d: Wahl-Überprüfung in Iran – Wächter der Macht
10) sueddeutsche.de 16.06.09a: Iran: Interview mit Volker Perthes „Ausmaß der Gewalt ist überraschend"
11) sueddeutsche.de 16.06.09b: Medien-Zensur im Iran – Reporter mit Grenzen
12) Süddeutsche Zeitung 16.06.09: Die Wächter der Macht – Wer überprüft das Wahlergebnis?
13) sueddeutsche.de 17.06.09: Aufruhr in Iran – 140 Zeichen Revolution
14) Süddeutsche Zeitung 17.06.09a: Reporter mit Grenzen – Die Medien und der Aufruhr
15) Süddeutsche Zeitung 17.06.09b: Der Zorn kennt viele Quellen
16) sueddeutsche.de 18.06.09: Aufruhr in Iran – Mussawi fordert Freilassung seiner Anhänger
17) Süddeutsche Zeitung 18.06.09a: 140 Zeichen Revolution – Wie die iranische Opposition mit Twitter-Nachrichten und Internet-Blogs ihren Protest organisiert
18) Süddeutsche Zeitung 18.06.09b: Digitale Schnellboote
19) sueddeutsche.de 20.06.09: Aufstand in Iran – Explosion am Chomeini-Mausoleum
20) Süddeutsche Zeitung 20./21.06.09: Aufruhr im Gottesstaat
21) sueddeutsche.de 22.06.09a: Konflikt in Iran eskaliert – Mussawi ruft Iraner zu weiteren Protesten auf
22) sueddeutsche.de 22.06.09b: Proteste in Iran – Aufruhr im Gottesstaat
23) sueddeutsche.de 22.06.09c: Überwachung im Internet – Deutsche Technik für iranische Spitzel?
24) sueddeutsche.de 22.06.09d: Proteste in Iran – Nedas Stimme
25) sueddeutsche.de 22.06.09e: Iran – Überwachung made in Germany
26) Süddeutsche Zeitung 22.06.09: Konflikt in Iran eskaliert – Tote bei Straßenschlachten in Teheran
27) Süddeutsche Zeitung 23.06.09a: Irans Machtkampf und die Welt – Zu cool für die Krise
28) Süddeutsche Zeitung 23.06.09b: Überwachung made in Germany – Teheran verfügt über ein ausgefeiltes System zur Kontrolle des gesamten Datenverkehrs – am Aufbau war auch Siemens beteiligt

29) Süddeutsche Zeitung 23.06.09c: Ein Phantom als Ikone – Das Video einer sterbenden jungen Frau geht um die Welt – wer sie wirklich ist, weiß niemand
30) sueddeutsche.de 24.06.09a: Unruhen in Iran – Die Hoffnung schwindet
31) sueddeutsche.de 24.06.09b: Roth: Interview zu Iran „Unternehmen agieren nicht im rechtsfreien Raum"
32) sueddeutsche.de 24.06.09c: Proteste in Iran – Der Mensch hinter der Ikone
33) sueddeutsche.de 25.06.09: Iran – Nedas Familie offenbar aus Wohnung vertrieben
34) Süddeutsche Zeitung 30.06.09: Ahmadinedschads Sieg gilt – Irans Wächterrat: Neuauszählung bestätigt Wahlergebnis
35) Süddeutsche Zeitung 06.07.09: Moderate Geistliche kritisieren iranische Führung – Kleriker bezweifeln Rechtmäßigkeit der Wahl / Justiz will härter gegen Opposition vorgehen
36) sueddeutsche.de 07.07.09: Politik kompakt – SMS-System in Teheran erneut abgeschaltet
37) Süddeutsche Zeitung 08.07.09: Streitpunkt Iran – Die G-8-Staaten finden keine gemeinsame Linie
38) Süddeutsche Zeitung 09.07.09a: G-8-Staaten setzen weiterhin auf Dialog mit Iran – Trotz der Provokationen aus Teheran reden die Gipfelteilnehmer nicht über neue Sanktionen
39) Süddeutsche Zeitung 09.07.09b: Teil der Bewegung – Die Twitter-Revolution und die Authentizität der Bilder
40) Süddeutsche Zeitung 10.07.09: Iran schlägt Proteste nieder - Sicherheitskräfte lösen Demonstration mit Gewalt auf
41) sueddeutsche.de 14.07.09: Schirin Ebadi „Sind Menschenrechte nur für den Westen gut?"
42) Süddeutsche Zeitung 15.07.09: „Die westlichen Länder denken nur an ihre eigene Sicherheit" – Iranische Nobelpreisträgerin Schirin Ebadi wirft Europa und den USA vor, sich mehr um Teherans Atompolitik als um Menschenrechte zu kümmern
43) Süddeutsche Zeitung 21.07.09: Die besten Blogs zu Iran
44) sueddeutsche.de 08.08.09: Prozess – Iran provoziert Frankreich und Großbritannien
45) Süddeutsche Zeitung 01.10.09: Die Angst simst mit – Gerüchte gibt es schon seit der Antike, doch jede neue Kommunikationstechnologie beschleunigt ihren Umlauf
46) sueddeutsche.de 05.11.09: Iran: Nedas Mutter spricht: „Sie war eine Märtyrerin"
47) Süddeutsche Zeitung 05./06.12.09: Diskussion über Politik und neue Medien

Der Spiegel und SpiegelOnline:

1) SpiegelOnline 12.06.09: Wahl in Iran – Ahmadinedschad-Gegner rufen schon Wahlsieg aus
2) SpiegelOnline 13.06.09: Teheran – Schwere Straßenschlachten nach Ahmadinedschads Wahlsieg
3) SpiegelOnline 16.06.09: Proteste in Iran – Aufstand der Abgeschotteten
4) SpiegelOnline 18.06.09a: Opposition in Iran – Ahmadinedschads Angst vor dem Netz
5) SpiegelOnline 18.06.09b: BBC in Iran – Programm gegen die Jubel-Perser
6) SpiegelOnline 18.06.09c: Proteste in Iran – Regimegegner trauern um ihre Toten
7) SpiegelOnline 20.06.09: Proteste in Teheran – Wasserwerfer und Tränengas gegen Regimegegner
8) SpiegelOnline 21.06.09: Tote Iran-Demonstrantin – Neda, die Ikone des Protests
9) Der Spiegel 26/2009a (22.06.09): Rebellen im Gottesstaat
10) Der Spiegel 26/2009b (22.06.09): Die digitale Revolution
11) SpiegelOnline 29.06.09: Iran – Ahmadinedschad will Tod von Neda untersuchen lassen
12) Der Spiegel 27/2009 (29.06.09): Die dunkle Seite der Macht
13) SpiegelOnline 01.07.09a: Iran – Mussawi nennt Präsidentschaft Ahmadinedschads illegitim
14) SpiegelOnline 01.07.09b: Proteste in Iran – Handy-Fotografen riskieren Prügel
15) SpiegelOnline 05.07.09: Machtkampf in Iran – Moderate Geistliche rücken vom Wächterrat ab
16) Der Spiegel 28/2009 (06.07.09): „Nächtlicher Protest"
17) Der Spiegel 29/2009 (13.07.09): Tage des Aufruhrs
18) SpiegelOnline 27.07.09: Protest-Philosophie – Die Erotik der Masse 2.0
19) SpiegelOnline 30.07.09: Getötete Iranerin – Nedas Mutter fordert Gerechtigkeit
20) SpiegelOnline 08.08.09: Schauprozesse in Teheran – Ahmadinedschad steigert die Repression
21) SpiegelOnline 10.08.09: Festnahme im Grenzgebiet – Iran beschuldigt US-Touristen als Aufwiegler

9 LITERATUR

Abrahamian, Ervand (2010): „I am Not a Speck of Dirt, I am a Retired Teacher". In: Hashemi, Nader/Postel, Danny (Hrsg.): *The People Reloaded. The Green Movement and the Struggle for Iran's Future.* New York: Melville House. S. 60–70.

Acuff, Jonathan (2010): Social Networking Media and the Revolution That Wasn't: A Realistic Assessment of the Revolutionary Situation in Iran. In: Kamalipour, Yahya R. (Ed.): *Media, Power, and Politics in the Digital Age. The 2009 Presidential Election Uprising in Iran.* Lanham u. a.: Rowman & Littlefield. S. 221–234.

Alizadeh, Ali (2010): Why Are the Iranians Dreaming Again? In: Hashemi, Nader/Postel, Danny (Hrsg.): *The People Reloaded. The Green Movement and the Struggle for Iran's Future.* New York: Melville House. S. 3–6.

Bach Malek, Michele (2010): Cyber Disobedience: Weapons of Mass Media Destruction? In: Kamalipour, Yahya R. (Hrsg.): *Media, Power, and Politics in the Digital Age.* Lanham u. a.: Rowman & Littlefield Publishers. S. 277–288.

Baghestan, Abbas Ghanbari/Hassan, Musa Abu (2009): Iran's Media Landscape: Law, Policy and Media Freedom. In: *Human Communication. A Publication of the Pacific and Asian Communication Association.* Vol. 12 (3). S. 239–254. Im Internet unter: http://www.uab.edu/Communicationstudies/humancommunication/12301_ Abbas%20Ghanbari.pdf (15.04.2012).

Bashi, Golbarg (2010): Feminist Waves in the Iranian Green Tsunami? In: Hashemi, Nader/Postel, Danny (Hrsg.): *The People Reloaded. The Green Movement and the Struggle for Iran's Future.* New York: Melville House. S. 37–40.

Brauck, Markus/Müller, Martin U./Schmundt, Hilmar (2009): Die digitale Revolution. In: *Der Spiegel 26/2009*. Hamburg: Spiegel Verlag. S. 116–118. Im Internet unter: http://www.spiegel.de/spiegel/print/d-65794386.html (01.11.2011).

Bührmann, Andrea D./Schneider, Werner (2008): *Vom Diskurs zum Dispositiv. Eine Einführung in die Dispositivanalyse*. Bielefeld: transcript.

Burkart, Günter (2007): *Handymania. Wie das Mobiltelefon unser Leben verändert hat.* Frankfurt/New York: Campus Verlag.

Buschauer, Regine (2010): *Mobile Räume. Medien- und diskursgeschichtliche Studien zur Tele-Kommunikation*. Bielefeld: transcript.

Carpenter, Kevin (1995): Robin Hood – Vom Wegelagerer zum Nationalhelden. In: *Einblicke. Forschungsmagazin der Carl von Ossietzky Universität Oldenburg.* Nr. 22. Im Internet unter: http://www.presse.uni-oldenburg.de/25094.html (31.05.2012).

Castells, Manuel et. al. (2007): *Social Communication and Society. A Global Perspective*. Cambridge/London: MIT Press.

Castells, Manuel (2005): *Die Internet-Galaxie. Internet, Wirtschaft und Gesellschaft.* 1. Aufl. Wiesbaden: VS Verlag.

Castells, Manuel et. al. (2004): *Social Communication and Society. A Global Perspective*. Cambridge/London: MIT Press.

Castells, Manuel (2002): *Die Macht der Identität. Teil 2 der Trilogie: Das Informationszeitalter.* Opladen: Leske + Budrich.

Dabashi, Hamid (2010): "The Real Revolution Is That People Are Entering the Society as Agents": An Interview with Iranian Dissident Akbar Ganji. In: Hashemi, Nader/Postel, Danny (Hrsg.): *The People Reloaded. The Green Movement and the Struggle for Iran's Future.* New York: Melville House. S. 271–276.

Dahlgren, Peter (2004): Foreword. In: Donk, Wim van de et al. (eds.): *Cyberprotest. New Media, Citizens and Social Movements*. London/New York: Routledge. S. xi–xvi.

Donk, Wim van de et al. (2004): Introduction. Social movements and ICTs. In: Van de Donk, Wim et al. (eds.): *Cyberprotest. New Media, Citizens and Social Movements*. London/New York: Routledge. S. 1–25.

Döring, Nicola/Gundolf, Axel (2006): Dein Leben in Schnappschüssen: Mobile Weblogs (Moblogs). In: Glotz, Peter/Bertschi, Stefan/Locke, Chris (Hrsg.): *Daumenkultur. Das Mobiltelefon in der Gesellschaft.* Bielefeld: transcript. S. 247–264.

ecmc (2008): *Im Blickpunkt: Medienkonvergenz.* Europäisches Zentrum für Medienkompetenz GmbH. Im Internet unter: http://www.grimme-institut.de/imblickpunkt/pdf/imblickpunkt_medienkonvergenz2.pdf (23.07.2012).

Emamzadeh, Mona-Maryam (2011): Die Neuen Medien, iranische Gesellschaft und der Auslandsrundfunk – eine Einführung. In: ifa-Edition Kultur und Außenpolitik (Hrsg.): *Iran und die Neuen Medien – Herausforderungen für den Auslandsrundfunk.* S. 15–27. Im Internet unter: http://www.ifa.de/fileadmin/pdf/edition/iran.pdf (15.04.2012).

Fisher, Ali (2010): Bullets with Butterfly Wings. Tweets, Protest Networks, and the Iranian Election. In: Kamalipour, Yahya R. (Hrsg.): *Media, Power, and Politics in the Digital Age: The 2009 Presidential Election Uprising in Iran.* Lanham u. a.: Rowman & Littlefield. S. 105–118.

Foucault, Michel (2005 [1978]): The Revolt in Iran Spreads on Cassette Tapes. In: Afary, Janet/Anderson, Kevin B.: *Foucault and the Iranian Revolution. Gender and the Seductions of Islamism.* Chicago and London: University of Chicago Press. S. 216–220.

Foucault, Michel (2008 [1975]): Überwachen und Strafen: Die Geburt des Gefängnisses. In: *Michel Foucault. Die Hauptwerke.* Frankfurt a. M.: Suhrkamp. S. 701–1019.

Foucault, Michel (2008 [1976]): Sexualität und Wahrheit. Der Wille zum Wissen. In: *Michel Foucault. Die Hauptwerke.* Frankfurt a.M.: Suhrkamp. S. 1021–1151.

Freedom House (2011): *Freedom on the Net 2011: Iran.* S. 187–194. Im Internet unter: http://www.freedomhouse.org/sites/default/files/inline_images/Iran_FOTN2011.pdf (15.04.2012).

Kelly, Sanja et al. (Hrsg.) (2013): *Freedom on the Net 2013. A Global Assessment of Internet and Digital Media.* Freedom House. Im Internet unter: http://freedomhouse.org/sites/default/files/resources/FOTN%202013_Full%20Report_0.pdf (04.03.2014).

Geser, Hans (2004): Towards a Sociological Theory of the Mobile Phone. In: *Sociology in Switzerland: Sociology of the Mobile Phone.* Online Publications. Zürich, May 2004 (Release 3.0). Im Internet unter: http://socio.ch/mobile/t_geser1.pdf (29.07.2011).

Goethe-Institut (2011a): *Der Spiegel: das deutsche Nachrichten-Magazin.* Goethe-Institut e.V. Im Internet unter: http://www.goethe.de/wis/med/prj/dzz/woz/dsp/deindex.htm (01.11.2011).

Goethe-Institut (2011b): *Süddeutsche Zeitung: Münchner neueste Nachrichten aus Politik, Kultur, Wirtschaft und Sport*. Goethe-Institut e.V. Im Internet unter: http://www.goethe.de/wis/med/prj/dzz/tag/sz/deindex.htm (01.11.2011).

Goggin, Gerard (2007): *Cell Phone Culture. Mobile Technology in Everyday Life.* London/New York: Routledge.

Goodwin, Jeff/Jasper, James M. (eds.) (2009): *The Social Movements Reader. Cases and Concepts. Second Edition.* Malden u. a.: Wiley-Blackwell.

Gronke, Monika (2009): *Geschichte Irans. Von der Islamisierung bis zur Gegenwart*. 3., durchgesehene und aktualisierte Aufl. München: C.H. Beck.

Gropp, Lewis (2012): *Green Movement alive and well in Iran.* Deutsche Welle. Im Internet unter: http://www.dw.de/dw/article/0,,15747387,00.html (21.04.2012).

Haddon, Leslie (1998): *The Experience of the Mobile Phone.* Paper presented to the XIV World Congress of Sociology, 'Social Knowlegde: Heritage, Challenges, Prospects', Montreal, July 26th - August 1st 1998. Im Internet unter: http://www.itu.dk/~christie/mobilspeciale/litteratur/Haddon, Leslie - Experience of the Mobile Phone, The.pdf (29.07.2011).

Hanke, Katja (2011): *Die deutschen Wochenpublikationen.* Goethe-Institut e. V. Im Internet unter: http://www.goethe.de/wis/med/pnt/zuz/de8613101.htm (22.05.2012).

Harris, Kevan (2011): *Iran's Labor Flashpoint.* The Iran Primer. United States Institute of Peace. Im Internet unter: http://iranprimer.usip.org/blog/2011/feb/17/iran's-labor-flashpoint (30.04.2012).

Hashem, Mahboub/Najjar, Abeer (2010): The Role and Impact of New Information Technology (NIT) Applications in Disseminating News about the Recent Iran Presidential Election and Uprising. In: Kamalipour, Yahya R. (Hrsg.): *Media, Power, and Politics in the Digital Age: The 2009 Presidential Election Uprising in Iran*. Lanham u. a.: Rowman & Littlefield. S. 125–142.

Hashemi, Nader/Postel, Danny (2010): Introduction. In: Hashemi, Nader/Postel, Danny (Hrsg.): *The People Reloaded. The Green Movement and the Struggle for Iran's Future.* New York: Melville House. S. xi–xxiii.

Heilig, Lavinia (2008): *Jeanne d'Arc im Kino. Abschlussarbeit zur Erlangung der Magistra Artium im Fachbereich 10: Neuere Philologie.* Johann Wolfgang Goethe-Universität Frankfurt am Main: Ms. Im Internet unter: http://publikationen.ub.uni-frankfurt.de/files/7273/Jeanne_dArc_im_Kino.pdf (20.06.2012).

Hoffmann, Andrea Claudia (2009): *Der Iran. Die verschleierte Hochkultur.* München: Diederichs.

Hogrefe, Dieter (2009): *Zellulare Netze.* Vorlesungsmaterial. Georg-August-Universität Göttingen. Im Internet unter: http://user.informatik.uni-goettingen.de/~elanmk/mobkomI/material/ss09/ZellulareNetze.pdf (30.04.2012).

Ipsos OTX MediaCT (2012): *Our Mobile Planet. Komplette Datensätze und Länderberichte.* Google Inc. Im Internet unter: http://www.ourmobileplanet.com/de/downloads/ (19.06.2012).

Jafari, Peyman (2010): *Der andere Iran. Geschichte und Kultur von 1900 bis zur Gegenwart.* München: C.H. Beck.

Jäger, Siegfried (2000a): *Theoretische und methodische Aspekte einer Kritischen Diskurs- und Dispositivanalyse.* Duisburger Institut für Sprach- und Sozialforschung e.V. Im Internet unter: http://www.diss-duisburg.de/Internetbibliothek/Artikel/Aspekte_einer_Kritischen_Diskursanalyse.htm (01.12.2011).

Jäger, Siegfried (2000b): *Vorgehensweise bei der Analyse eines Diskursstranges der Print-Medien. Unveröffentlichte Handreichung für Studierende und ProjektmitarbeiterInnen.* Duisburger Institut für Sprach- und Sozialforschung e.V. Im Internet unter: www.diss-duisburg.de/Internetbibliothek/Artikel/Vorgehensweise.htm (01.12.2011).

Jäger, Siegfried (2001a): *Kritische Diskursanalyse. Eine Einführung.* 3. Auflage. Duisburg: Duisburger Institut für Sprach- und Sozialforschung.

Jäger, Siegfried (2001b): Dispositiv. In: Kleiner, Markus (Hrsg.): *Michel Foucault. Eine Einführung in sein Denken.* Frankfurt a.M.: Campus. S. 72–89.

Jäger, Siegfried (2006): Diskurs und Wissen. Theoretische und methodische Aspekte einer Kritischen Diskurs- und Dispositivanalyse. In: Keller, Reiner/Hirseland, Andreas/Schneider, Werner/Viehöver, Willy (Hrsg.): *Handbuch Sozialwissenschaftliche Diskursanalyse Band 1: Theorien und Methoden.* 2. Auflage. Wiesbaden: VS-Verlag, S. 83–114.

Jäger, Magarete/Jäger, Siegfried (2007): *Deutungskämpfe. Theorie und Praxis kritischer Diskursanalyse.* Wiesbaden: VS Verlag für Sozialwissenschaften.

Jaschensky, Wolfgang (2009): *Proteste in Iran. Nedas Stimme.* sueddeutsche.de vom 22.06.09. Im Internet unter: http://www.sueddeutsche.de/politik/proteste-in-iran-nedas-stimme-1.108115 (27.12.2011).

Kalame (2010): „If a Nation Wants to Change Ist Destiny...": Zahra Rahnavard on Women's Rights and the Green Movement. In: Hashemi, Nader/Postel, Danny (Hrsg.): *The People Reloaded. The Green Movement and the Struggle for Iran's Future.* New York: Melville House. S. 263–270.

Keddie, Nikki R. (1988): Iranian Revolutions in Comparative Perspective. In: Burke, Edmund/Lapidus, Ira M. (Hrsg.): *Islam, Politics and Social Movements.* London: Tauris. S. 298–313.

Keller, Reiner (2007): *Diskursforschung. Eine Einführung für Sozialwissenschaftler-Innen.* Wiesbaden: VS-Verlag.

Kern, Thomas (2008): *Soziale Bewegungen. Ursachen, Wirkungen, Mechanismen.* Wiesbaden: VS Verlag für Sozialwissenschaften.

Khan, Amina (2009): The Role of Western Media in the Opposition Movement in Iran. In: *Reflections.* No. 4. Im Internet unter: http://www.issi.org.pk/publication-files/1299138871_49757909.pdf (08.04.2012).

Khiabany, Gholam (2011): Media in Iran: State, Social, Other. In: ifa-Edition Kultur und Außenpolitik (Hrsg.): *Iran und die Neuen Medien – Herausforderungen für den Auslandsrundfunk.* S. 44–48. Im Internet unter: http://www.ifa.de/fileadmin/pdf/edition/iran.pdf (15.04.2012).

Kinzer, Stephen (2010): A Specter is Haunting Iran: The Specter of Mossadegh. In: Hashemi, Nader/Postel, Danny (Hrsg.): *The People Reloaded. The Green Movement and the Struggle for Iran's Future.* New York: Melville House. S. 26–28.

Körber, Sebastian (2011): Vorwort. In: ifa-Edition Kultur und Außenpolitik (Hrsg.): *Iran und die Neuen Medien – Herausforderungen für den Auslandsrundfunk.* S. 11. Im Internet unter: http://www.ifa.de/fileadmin/pdf/edition/iran.pdf (15.04.2012).

Kurzman, Charles (2010): Cultural Jiu-Jitsu and the Iranen Greens. In: Hashemi, Nader/Postel, Danny (Hrsg.): *The People Reloaded. The Green Movement and the Struggle for Iran's Future.* New York: Melville House. S. 7–17.

Lasen, Amparo (2002): *The Social Shaping of Fixed and Mobile Networks: A Historical Comparison*. Kiwanja.net Im Internet unter: http://www.kiwanja.net/database/document/report_mobile_history.pdf (29.07.2011).

Ling, Rich/Haddon, Leslie (2001): *Mobile Telephony, Mobility and the Coordination of Everyday Life*. Paper presented at the "Machines that become us" Conference at Rutgers University, April 18 and 19, 2001. Im Internet unter: http://www.richardling.com/papers/2001_mobility_and_the_coordination_of_everyday_life.pdf (29.07.2011).

Link, Jürgen (2006): Zum Anteil der medialen Kollektivsymbolik an der Normalisierung der Einwanderung. In: Maasen, Sabine/Mayerhauser, Torsten/Renggli, Cornelia (Hrsg.): *Bilder als Diskurse – Bilddiskurse*. Weilerswist: Velbrück Wissenschaft. S. 53–70.

Luther, Carsten (2013): Präsidentschaftswahl. Irans Grüne Bewegung ist welk geworden. In: *ZEIT ONLINE vom 12.06.2013*. ZEIT ONLINE GmbH. Im Internet unter: http://www.zeit.de/politik/ausland/2013-06/iran-wahl-gruene-bewegung (02.03.2014).

Maasen, Sabine/Mayerhauser, Torsten/Renggli, Cornelia (2006): Bild-Diskurs-Analyse. In: Maasen, Sabine/Mayerhauser, Torsten/Renggli, Cornelia (Hrsg.): *Bilder als Diskurse – Bilddiskurse*. Weilerswist: Velbrück Wissenschaft. S. 7–26.

Mahdi, Ali Akbar (1999): The Student Movement in the Islamic Republic of Iran. In: *Journal of Iranian Research and Analysis*. Vol. 15 (2). S. 5–32. Im Internet unter: http://www.cira-jira.com/Vol%20%2015.2.4%20%20Mahdi%20November%201999.pdf (08.04.2012).

Mahdi, Ali Akbar (2004): The Iranian Women's Movement: A Century Long Struggle. In: *The Muslim World*. Vol. 94. S. 427–448. Im Internet unter: http://go.owu.edu/~aamahdi/Iranian%20Women%20Movement%20A%20Century%20Long%20Struggle.pdf (08.04.2012).

Mayerhausen, Torsten (2006): Diskursive Bilder? Überlegungen zur diskursiven Funktion von Bildern in polytechnologischen Dispositiven. In: Maasen, Sabine/Mayerhauser, Torsten/Renggli, Cornelia (Hrsg.): *Bilder als Diskurse – Bilddiskurse*. Weilerswist: Velbrück Wissenschaft. S. 71–94.

McLuhan, Marshall (1962): *The Gutenberg Galaxy. The Making of Typographic Man*. Toronto/Buffalo/London: University of Toronto Press.

McLuhan, Marshall (1968): *Die Gutenberg-Galaxis. Das Ende des Buchzeitalters*. Düsseldorf u. a.: Econ-Verlag.

Mersch, Dieter (2006): Visuelle Argumente. Zur Rolle der Bilder in den Naturwissenschaften. In: Maasen, Sabine/Mayerhauser, Torsten/Renggli, Cornelia (Hrsg.): *Bilder als Diskurse – Bilddiskurse.* Weilerswist: Velbrück Wissenschaft. S. 95–116.

Michaelsen, Marcus/Mirza, Maryam (2013): Politische Gefangene im Iran. Hungerstreik und Liebesbriefe. In: *Qantara.de vom 05.06.2013.* Qantara.de. Im Internet unter: http://de.qantara.de/content/politische-gefangene-im-iran-hungerstreik-und-liebesbriefe (02.03.2014).

Mohseni, Mehdi (2011): The defiance of Iran's bloggers. In: ifa-Edition Kultur und Außenpolitik (Hrsg.): *Iran und die Neuen Medien – Herausforderungen für den Auslandsrundfunk.* S. 29–36. Im Internet unter: http://www.ifa.de/fileadmin/pdf/edition/iran.pdf (15.04.2012).

Möller, Erik (2006): *Die heimliche Medienrevolution – Wie Weblogs, Wikis und freie Software die Welt verändern.* Hannover: Heise.

Morozov, Evgeny (2011): *The Net Delusion. How not to Liberate the World.* London et al.: Allen Lane/Penguin Books.

Mullaney, Mark J. (2012): Optimizing Social Media in Humanitarian Crisis Response. In: *The Maclaster Review.* Vol. 2 (1), Article 3. S. 1–25. Im Internet unter: http://digitalcommons.macalester.edu/macreview/vol2/iss1/3/ (23.07.2012).

Müller, Marion G. (2003): *Grundlagen der visuellen Kommunikation.* Konstanz: UVK.

Neidhardt, Friedhelm (1994): Einleitung. Öffentlichkeit, öffentliche Meinung, soziale Bewegungen. In: Neidhardt, Friedhelm (Hrsg.): *Öffentlichkeit, öffentliche Meinung, soziale Bewegungen. Sonderheft der Kölner Zeitschrift für Soziologie und Sozialpsychologie.* Opladen: Westdeutscher Verlag. S. 7–41.

Nirumand, Bahman (2013a): *Iran-Report 06/2013.* Berlin: Heinrich-Böll-Stiftung. Im Internet unter: http://www.boell.de/de/2013/05/28/iran-report-062013 (02.03.2014).

Nirumand, Bahman (2013b): *Iran-Report 07/2013.* Berlin: Heinrich-Böll-Stiftung. Im Internet unter: www.boell.de/de/2013/07/04/iran-report-72013 (02.03.2014).

Nordbjaerg Christensen, Stine (2010): *Iran: Modern Media and Electoral Authoritarianism. A Study of the Use of Modern Media in the Presidential Election in June 2009*. E-book # 47. Centro Argentino des Estudios Internacionales. Im Internet unter: http://www.caei.com.ar/ebooks/ebook47.pdf (01.10.2011).

Nyíri, Kristóf (2006): Das Mobiltelefon als Rückkehr zu nichtentfremdeter Kommunikation. In: Glotz, Peter/Bertschi, Stefan/Locke, Chris (Hrsg.): *Daumenkultur. Das Mobiltelefon in der Gesellschaft*. Bielefeld: transcript. S. 185–196.

Plant, Sadie (2001): *On the Mobile: The Effects of Mobile Telephone on Social and Individual Life. Untersuchung im Auftrag von Motorola*. UCLA Design Media Arts. Im Internet unter: http://classes.dma.ucla.edu/Winter03/104/docs/splant.pdf (29.07.2011).

PMG Presse-Monitor (2010): *Zitate-Ranking Gesamt (Top 30) 2. Halbjahr 2009*. PMG Presse-Monitor GmbH. Im Internet unter: http://www.pressemonitor.de/fileadmin/assets/pageDownload/PMG-Zitate_rankingtabellen_15022010_.pdf (21.05.2012).

PMG Presse-Monitor (2011): *PMG Zitate-Ranking Ergebnisse 2010 im Überblick*. PMG Presse-Monitor GmbH. Im Internet unter: http://www.pressemonitor.de/fileadmin/assets/pageNews/Zitateranking_Ergebnisse_2010/Jahres-Ranking%202010%20Stand050111.pdf (21.05.2012).

PMG Presse-Monitor (2012): *PMG Zitate-Ranking Jahresergebnisse 2011 im Überblick*. PMG Presse-Monitor GmbH. Im Internet unter: http://www.pressemonitor.de/fileadmin/assets/pageNews/Zitateranking_Ergebnisse_2011/2012-01-04_PMG_Zitate-Ranking_Jahresergebniss_2011.pdf (21.05.2012).

Povey, Elaheh Rostami (2004): Political – Social Movements. Unions and Workers' Movements in Iran. In: Joseph, Suad et al. (Hrsg.): *Family, Law and Politics. Encyclopaedia of Women and Islamic Cultures*. Vol. 2. Leiden: Brill. S. 669–670.

Rafael, Vincente (2003): The Cell Phone and the Crowd: Messianic Politics in Recent Phillipin History. In: *Public Culture* 15(3). S. 399–425.

Raschke, Joachim (1985): *Soziale Bewegungen. Ein historisch-systematischer Grundriß*. Campus: Frankfurt/New York.

Rawan, Shir Mohammad (2009): Das Mediensystem Irans. In: Hans-Bredow-Institut (Hrsg.): *Internationales Handbuch Medien*. 28. Aufl. Baden-Baden: Nomos. S. 927–938.

Rheingold, Howard (1994): *Virtuelle Gemeinschaft. Soziale Beziehungen im Zeitalter des Computers*. Bonn u. a.: Addison-Wesley.

Rheingold, Howard (2002): *Smart Mobs. The Next Social Revolution.* Cambridge, MA: Basic Books.

Rieger, Dietmar/Breithecker, Stephanie/Wodianka, Stephanie (2003): Heilige, Nationalheldin und Superwoman – die Gesichter der Jeanne d'Arc. Zum Platz eines alten Mythos in einer modernen Erinnerungskultur. In: *Spiegel der Forschung*. 20. Jg., Nr. 1/2. S. 146–153. Im Internet unter: http://geb.uni-giessen.de/geb/volltexte/2004/1414/pdf/SdF-2003-1_2q.pdf (31.05.2012).

Rodríguez, Encarnación Gutiérrez (2008): Postkolonialismus: Subjektivität, Rassismus und Geschlecht. In: Becker, Ruth/Kortendiek, Beate (Hrsg.): *Handbuch Frauen- und Geschlechterforschung. Theorie, Methoden, Emperie.* Wiesbaden: VS Verlag für Sozialwissenschaften. S. 267–275.

Rogerson, Kenneth (2010): International Communication in Social Movements and Interest Groups. In: *The International Studies Encyclopedia.* Im Internet unter: http://www.isacompendium.com/public/ (05.08.2011).

Rucht, Dieter (1994): Die Mobilisierung des Publikums: Protestbewegungen. Öffentlichkeit als Mobilisierungsfaktor für soziale Bewegungen. In: Neidhardt, Friedhelm (Hrsg.): *Öffentlichkeit, öffentliche Meinung, soziale Bewegungen. Sonderheft der Kölner Zeitschrift für Soziologie und Sozialpsychologie.* Opladen: Westdeutscher Verlag. S. 337–358.

Rucht, Dieter (2004): The Quadruble 'A': Media Strategies of Protest Movements Since the 1960s. In: Van de Donk, Wim et al. (eds.): *Cyberprotest. New Media, Citizens and Social Movements*. London/New York: Routledge. S. 29–58.

Sabety, Setareh (2010): Graphic Content: The Semiotics of a YouTube Uprising. In: Kamalipour, Yahya R. (Hrsg.): *Media, Power, and Politics in the Digital Age.* Lanham u. a.: Rowman & Littlefield Publishers. S. 119–124.

Sahimi, Muhammad (2010): A Raging Fire Under a Heap of Ash: The Green Movement at One Year. In: Hashemi, Nader/Postel, Danny (Hrsg.): *The People Reloaded. The Green Movement and the Struggle for Iran's Future.* New York: Melville House. S. 295–305.

Salloum, Raniah (2013): Irans Exilanten. Das neue Leben der Grünen Bewegung. In: *SpiegelOnline vom 14.06.2013*. SPIEGELnet GmbH. Im Internet unter: http://www.spiegel.de/politik/ausland/iran-die-gruene-bewegung-hofft-auf-rouhani-a-905707.html (02.03.2014).

Schäfer, Joachim (2011): Johanna von Orléans. In: *Ökumenisches Heiligenlexikon.* Im Internet unter: http://www.heiligenlexikon.de/BiographienJ/Johanna_von_Orleans_ Jeanne_d_Arc.htm (31.05.2012).

Schweizer, Gerhard (2005): *Iran. Drehscheibe zwischen Ost und West.* Fünfte, erweiterte und aktualisierte Auflage. Stuttgart: Klett-Cotta.

Seifi, Farnaz (2013): Wo ist die Grüne Bewegung? In: *DW.de vom 17.08.2013.* Deutsche Welle. Im Internet unter: http://dw.de/p/18NJX (02.03.2014).

Semati, Mehdi (2008): Living with Globalization and the Islamic State. An Introduction to Media, Culture, and Society in Iran. In: Semati, Mehdi (Hrsg.): *Media, Culture and Society in Iran. Living with Globalization and the Islamic State.* London/New York: Routledge. S. 1–14.

Shirky, Clay (2008*): Here Comes Everybody. The Power of Organizing Without Organizations.* New York u. a.: Penguin.

Snow, Nancy (2010): What's That Chirping I Hear? From the CNN Effect to the Twitter Effect. In: Kamalipour, Yahya R. (Hrsg.): *Media, Power, and Politics in the Digital Age: The 2009 Presidential Election Uprising in Iran.* Lanham u. a.: Rowman & Littlefield. S. 97–104.

Spiegel-Gruppe (2012): *DER SPIEGEL in Zahlen.* SPIEGEL-Verlag Rudolf Augstein GmbH & Co. KG. Im Internet unter: http://www.spiegelgruppe.de/spiegelgruppe/home.nsf/Navigation/C226C5F6118D70E0C12573F700562F49?OpenDocument (21.05.2012).

Sreberny-Mohammadi, Annabelle (1990): Small Media for a Big Revolution: Iran. In: *Politics, Culture, and Society.* Vol. 3 (3). S. 341–371.

Sreberny, Annabelle/Khiabany, Gholam (2010): *Blogistan. The Internet and Politics in Iran.* London/New York: I.B. Tauris.

Stahl, Klaus (2005): *Die New York Times von München – Porträt der Süddeutschen Zeitung.* Goethe-Institut e.V. Im Internet unter: http://www.goethe.de/wis/med/pnt/zuz/de556318.htm (01.11.2011).

Stöcker, Christian (2009): Proteste in Iran. Handy-Fotografen riskieren Prügel. In: *SpiegelOnline vom 01.01.2009.* SPIEGELnet GmbH. Im Internet unter: www.spiegel.de/netzwelt/mobil/proteste-in-iran-handy-fotografen-riskieren-pruegel-a-633665.html (01.11.2011).

Süddeutsche Zeitung (2012): *Die Süddeutsche Zeitung und Ihre Markenfamilie.* Süddeutsche Zeitung GmbH. Im Internet unter: http://sz-media.sueddeutsche.de/de/sueddeutsche-zeitung/index.html (21.05.2012).

Tilly, Charles/Wood, Lesley J. (2009): *Social Movements. 1768–2008. 2nd Edition*. Boulder/London: Paradigmen Publishers.

Völker, Clara (2010): *Mobile Medien. Zur Genealogie des Mobilfunks und zur Ideengeschichte von Virtualität*. Bielefeld: transcript.

Weber, Heike (2008): *Das Versprechen mobiler Freiheit. Zur Kultur- und Technikgeschichte von Kofferradio, Walkman und Handy*. Bielefeld: transcript.

Wiesinger, Martina (2009): *Die Repräsentation des Canis Familiaris in den österreichischen Printmedien. Ein Vergleich der Qualitätszeitung „Der Standard" und des Boulevardblattes „Neue Kronen Zeitung".* Diplomarbeit zur Erlangung des Grades Magistra der Philosophie. Universität Wien: Ms. Im Internet unter: http://othes.univie.ac.at/6439/1/2009-07-06_9807192.pdf (11.07.2012).

West, John (2008): *The Promise of Ubiquity. Mobile as Media Platform in the Global South.* Internews Europe. Im Internet unter: http://www.internews.eu/publications/promise-ubiquity (30.04.2012).

Wright, Peter (2010): The Goals of Iran's Green Movement: An Interview with Abdolkarim Soroush. In: Hashemi, Nader/Postel, Danny (Hrsg.): *The People Reloaded. The Green Movement and the Struggle for Iran's Future.* New York: Melville House. S. 192–195.

Yaghmaian, Behzad (1999): Student Movement in the Islamic Republic of Iran. In: *Journal of Iranian Research and Analysis.* Vol. 15 (2). S. 34–42. Im Internet unter: http://www.cira-jira.com/Vol%20%2015.2.4%20%20Mahdi%20November%201999.pdf (08.04.2012).

Yaghmaian, Behzad (2002): *Social Change in Iran. An Eyewitness Account of Dissent, Defiance, and New Movements for Rights.* New York: State University of New York Press.

Yahyanejad, Mehdi (2011): The Internet and Protests in Iran. In: ifa-Edition Kultur und Außenpolitik (Hrsg.): *Iran und die Neuen Medien – Herausforderungen für den Auslandsrundfunk.* S. 49–55. Im Internet unter: http://www.ifa.de/fileadmin/pdf/edition/iran.pdf (15.04.2012).

Zavarsky, Irene (2009): *A Pirate's Life for Me. Darstellungen von Freiheit und Unabhängigkeit im gesellschaftlichen Kontext der 30er und 50er Jahre.* Dissertation. Universität Wien: Ms. Im Internet unter: http://othes.univie.ac.at/4843/1/2009-04-09_9705824.pdf (02.06.2012).

Zizek, Slavoj (2010): Berlusconi in Tehran. In: Hashemi, Nader/Postel, Danny (Hrsg.): *The People Reloaded. The Green Movement and the Struggle for Iran's Future.* New York: Melville House. S. 71–81.

Zeitfracht Medien GmbH
Ferdinand-Jühlke-Straße 7
99095 Erfurt, Deutschland
produktsicherheit@kolibri360.de